Historia de la Iglesia

Una guía fascinante de la historia de la Iglesia cristiana y de acontecimientos como las cruzadas, los viajes misioneros de Pablo, la conversión de Constantino y la Reforma

© Copyright 2021

Todos los derechos reservados. Ninguna parte de este libro puede ser reproducida de ninguna forma sin el permiso escrito del autor. Los revisores pueden citar breves pasajes en las reseñas.

Descargo de responsabilidad: Ninguna parte de esta publicación puede ser reproducida o transmitida de ninguna forma o por ningún medio, mecánico o electrónico, incluyendo fotocopias o grabaciones, o por ningún sistema de almacenamiento y recuperación de información, o transmitida por correo electrónico sin permiso escrito del editor.

Si bien se ha hecho todo lo posible por verificar la información proporcionada en esta publicación, ni el autor ni el editor asumen responsabilidad alguna por los errores, omisiones o interpretaciones contrarias al tema aquí tratado.

Este libro es solo para fines de entretenimiento. Las opiniones expresadas son únicamente las del autor y no deben tomarse como instrucciones u órdenes de expertos. El lector es responsable de sus propias acciones.

La adhesión a todas las leyes y regulaciones aplicables, incluyendo las leyes internacionales, federales, estatales y locales que rigen la concesión de licencias profesionales, las prácticas comerciales, la publicidad y todos los demás aspectos de la realización de negocios en los EE. UU., Canadá, Reino Unido o cualquier otra jurisdicción es responsabilidad exclusiva del comprador o del lector.

Ni el autor ni el editor asumen responsabilidad alguna en nombre del comprador o lector de estos materiales. Cualquier desaire percibido de cualquier individuo u organización es puramente involuntario.

Tabla de contenidos

PRIMERA PARTE: HISTORIA DE LA IGLESIA 1
   INTRODUCCIÓN 2
   CAPÍTULO 1 – LA ERA APOSTÓLICA Y EL CRISTIANISMO PRENICENO 6
   CAPÍTULO 2 – LA IGLESIA EN EL SIGLO XIX 15
   CAPÍTULO 3 – LA IGLESIA EN LOS SIGLOS XX Y XXI 31
   CAPÍTULO 4 – EL ESTABLECIMIENTO Y CRECIMIENTO DE LA IGLESIA EN EL IMPERIO ROMANO 40
   CAPÍTULO 5 – LA ERA DEL MONACATO Y EL ESCOLASTICISMO, EL ASCENSO DE LAS UNIVERSIDADES Y LAS CRUZADAS 48
   CAPÍTULO 6 – LA REFORMA Y LA CONTRARREFORMA 71
   CAPÍTULO 7 – LA IGLESIA DEL SIGLO XVIII 87
   CONCLUSIÓN 97

SEGUNDA PARTE: LA REFORMA 99
   INTRODUCCIÓN: CÓMO SE DESENCADENÓ LA REFORMA 100
   CAPÍTULO 1 – LAS NOVENTA Y CINCO RAZONES DE MARTIN PARA LA REFORMA 103
   CAPÍTULO 2 – LUTERO ES TACHADO DE HEREJE 110
   CAPÍTULO 3 – MARTÍN LUTERO SE PREPARA PARA LA BATALLA 116

CAPÍTULO 4 - LA DIETA DE WORMS Y LA GUERRA DE LAS PALABRAS 121

CAPÍTULO 5 - LA REFORMA SE CALIENTA 130

CAPÍTULO 6 - DE LOS MELQUIORITAS A LOS MENONITAS: OTRAS TENDENCIAS DE LA REFORMA 138

CAPÍTULO 7 - COMIENZA LA REFORMA DE INGLATERRA 144

CAPÍTULO 8 - EL AUGE DEL CALVINISMO 158

CAPÍTULO 9 - INGLATERRA HACE RETROCEDER LA REFORMA 170

CAPÍTULO 10 - LOS HUGONOTES, LOS PAÍSES BAJOS Y GUILLERMO DE ORANGE 180

CONCLUSIÓN: CÓMO LA REFORMA CAMBIÓ EL MUNDO 191

VEA MÁS LIBROS ESCRITOS POR CAPTIVATING HISTORY 194

APÉNDICE A: LECTURAS ADICIONALES Y REFERENCIAS 195

Primera Parte: Historia de la Iglesia

Una guía fascinante sobre la historia de la Iglesia cristiana, incluidos los eventos de las cruzadas, los viajes misioneros de Pablo, la conversión de Constantino y mucho más

Introducción

La historia de la Iglesia cristiana es un relato complejo de disputas teológicas, controversias litúrgicas sobre la forma de adoración e intrigas organizativas. Es la historia de la evolución del pensamiento, las prácticas de adoración y la formación de instituciones dirigidas a preservar, difundir e interpretar las enseñanzas de Jesucristo, sus seguidores y los textos judíos que pronosticaban la aparición del Mesías cristiano.

La Iglesia cristiana evolucionó desde su forma desorganizada temprana hasta convertirse en una institución social altamente estructurada. Creó un pilar para la civilización en torno al cual se establecieron las normas sociales. Se convirtió en la institución principal que enmarcó las interacciones humanas estableciendo el calendario para las actividades y festividades para finalmente situarse en la cúspide de las obligaciones de una clase social con otra. La Iglesia nunca fue estática. Incluso en el apogeo de su poder, no era un monolito eclesiástico ni una fuerza singular en la evolución de la cultura del mundo secular. Desde el principio, las diferentes prácticas y las diferentes interpretaciones de las Sagradas Escrituras dieron lugar a creencias distintas, que a menudo condujeron a cismas. La continua fractura de la institución de la Iglesia cristiana a lo largo de su historia se debe tanto a la propensión humana de obtener poder como a aspectos más finos de los conceptos teológicos con respecto a la vida histórica de Cristo, la Trinidad y los propósitos de Dios.

La historia de la Iglesia cristiana es una serie enrevesada y aparentemente perpetua de diálogos, discursos y disputas entre los fieles, que a menudo acabaron en serias y a menudo violentas disputas sobre el significado de cada término en lo que uno podría suponer que era la definición directa del cristianismo, una religión basada en la persona y las enseñanzas de Jesús de Nazaret. Esta disputa sobre asuntos teológicos, particularmente sobre lo que Cristo dijo y cómo debía entenderse, ha evolucionado conjuntamente con la sociedad. Por lo tanto, las prácticas y creencias religiosas en el Imperio romano son distintas, por ejemplo, de las de la santería cubana moderna, una fusión de prácticas católicas y creencias populares africanas, o la austera Iglesia protestante holandesa del siglo XVII. De hecho, son tan diferentes que a menudo es difícil aceptar que provienen de la misma religión.

A lo largo de la historia del cristianismo, las formas y los medios de transmitir las palabras de Cristo, el hijo de Dios, han evolucionado y cambiado para satisfacer las necesidades de sociedades y culturas dispares, desde las de los campesinos del Cercano Oriente hasta las de las de los caballeros y reyes de la Europa medieval. La transformación de la Iglesia cristiana continúa hasta hoy, donde las formas regionales claramente diferenciadas de adoración y comprensión de lo divino incluyen muchas sectas evangélicas distintas. Entre ellas se encuentran algunas en los que los preceptos y las formas de adoración combinan desde religiones tribales o locales tradicionales a formas indígenas de gobierno. El mosaico de prácticas entre las innumerables sectas cristianas es el resultado de la divergencia de la comprensión de los textos divinos y de otro tipo que guían a los practicantes de una vida cristiana.

Desde su primera aparición entre los apóstoles de Jesucristo en el siglo I a. C. el número de adherentes a la nueva religión ha crecido exponencialmente. San Pablo (*ca* 5 a 10 d. C. – *ca.* 58-64 d. C), un misionero notable, se había convertido del judaísmo al cristianismo alrededor del año 33 d. C. En ese tiempo la Iglesia cristiana se había extendido desde Jerusalén a Asia Menor, Grecia y Roma. Al convertirse en una religión interregional en un mundo no homogéneo, el creciente número de congregaciones cristianas combinó las tradiciones religiosas paganas locales con sus conceptos de Cristo, el hijo de Dios, con sus prácticas de adoración a un solo dios. Esto presentó problemas y surgieron preguntas entre aquellos que se convirtieron de las creencias paganas politeístas al monoteísmo del cristianismo. En sus cartas a comunidades cristianas distantes, san Pablo trató de responder a las preguntas de los feligreses para alinearlos con el mensaje de Cristo como Pablo mismo lo entendió.

El cristianismo, al igual que su precursor, el judaísmo monoteísta, comenzó como una religión de un libro. Así lo evidencia el prólogo del Evangelio, que se atribuye a Juan el apóstol de Cristo: «En el principio era el verbo, y el verbo estaba con Dios, y el verbo era Dios». Por lo tanto, *Logos,* o la palabra es un concepto relacionado con Jesucristo. Al principio, se trataba de una colección de historias orales que relataban la vida de Cristo. Finalmente fueron editadas y difundidas gracias a la escritura. Por ejemplo, ahora se cree que el Evangelio de Mateo fue compuesto a finales del siglo I d. C., y su atribución al apóstol Mateo es rechazada por los eruditos bíblicos modernos. Del mismo modo, se cree que el Evangelio de Marcos fue escrito alrededor del año 70 d. C. por un autor que se basa en una serie de historias orales. Debido a que los Evangelios de Mateo, Marcos, Lucas y Juan se conservaron solo en copias posteriores, no estaban disponibles como textos canónicos para las primeras iglesias cristianas. Esto llevó al surgimiento de variaciones regionales en la comprensión de la vida y la naturaleza de Jesucristo.

Antes de que la Iglesia cristiana fuera aceptada por el emperador romano como una religión legítima y exenta de persecución, las diferencias en la teología y en la adoración eran comunes, y continuaron siendo omnipresentes a lo largo de toda la historia del cristianismo.

Capítulo 1 – La era apostólica y el cristianismo preniceno

La única religión organizada y la única que era interregional en el Imperio romano era el judaísmo. Esta fe monoteísta sobrevivió y creció lentamente en medio de un mundo dominado por el paganismo. La versión romana del paganismo era una religión sancionada por el Estado que se practicaba inconsistentemente de una región a otra. La población creaba dioses que estaban determinados por la tradición local. Incluían todas las formas de deidad, desde los doce dioses olímpicos de la antigua Grecia hasta los dioses griegos menores, desde las deidades persas y egipcias hasta los dioses domésticos romanos únicos. El judaísmo sobrevivió en este mundo más o menos caótico del paganismo porque generalmente era tratado como benigno por los emperadores romanos y los gobernadores regionales. Era raro que los emperadores hicieran el tipo de movimiento contundente contra los judíos como lo hizo Tito cuando saqueó y luego destruyó el Templo de Jerusalén en el año 70 d. C.

En las décadas posteriores a la crucifixión de Cristo, su entierro y su ascensión al cielo, sus seguidores, los apóstoles, alentaron a grupos de cristianos a rezar juntos en hogares y cementerios. Los cristianos transmitieron la palabra de Dios y el mensaje de su hijo terrenal a familias, amigos y vecinos. Esto ocurrió por primera vez en Jerusalén, donde los discípulos se reunieron después de establecer congregaciones cristianas rudimentarias en Galilea, ya que aquí fue donde Cristo pasó la mayor parte de su vida predicando. El objetivo era convencer a los judíos de que el Mesías había aparecido en la forma humana de Jesucristo. Esta figura había sido anticipada durante mucho tiempo por profetas y sus palabras se conservaron en lo que para los cristianos se conoció como el Antiguo Testamento. Los judíos estaban preparados para la conversión a la nueva fe cristiana porque, en esencia, el judaísmo era una religión apocalíptica. Es decir, se centró en la eventual revelación de verdades divinas que fueron los precursores necesarios del fin de los tiempos. Poco después de llevar el mensaje de que el Mesías vivía entre los judíos, los primeros cristianos llevaron su mensaje a los gentiles, o no judíos, extendiendo así el cristianismo más allá del lugar de sus orígenes en Tierra Santa.

La organización de la Iglesia cristiana se remonta a un concilio celebrado en Jerusalén alrededor del año 50 d. C. En este concilio apostólico se decidió que los conversos gentiles no estaban obligados a ajustarse a todos los rituales judíos, incluida la circuncisión de los hombres. Sin embargo, se decidió que las leyes dietéticas judías eran aplicables a los cristianos. Las tradiciones judías fueron defendidas por fariseos que se habían convertido al cristianismo. Estos respetados fariseos estaban inmersos en las leyes y tradiciones del judaísmo rabínico, y sostenían que los cristianos debían observar la Torá. El conflicto entre las tradiciones judías y la noción cristiana primitiva de que todos deberían ser libres de aceptar las enseñanzas de Jesucristo terminó con un compromiso. Se acordó que, al menos para los gentiles, debería haber pocos impedimentos para adoptar fielmente las enseñanzas de Cristo. El Concilio de Jerusalén fue reconocido como el fundamento de todos los concilios eclesiásticos posteriores.

Como forasteros en la sociedad romana, los cristianos naturalmente fueron víctimas de ataques hostiles. Fueron condenados por su ateísmo, ya que no reconocían adecuadamente el poder de los dioses paganos y, por lo tanto, no reconocían el poder del emperador. Además, había conspiraciones entre los fieles romanos, como la flagrante inmoralidad de los cristianos al asesinar bebés en los servicios de adoración y prácticas de canibalismo.

La persecución de los cristianos en el Imperio romano no fue tan extensa como los propagandistas cristianos —tanto antiguos como modernos— nos quieren hacer creer. Los secuaces del emperador Nerón y sus perseguidores culparon de la ardiente destrucción de Roma en el año 64 d. C. a la sedición cristiana. Los cristianos fueron detenidos y sometidos a tortura y muerte. Aunque los cristianos fueron sometidos a persecución periódica, no fue hasta el siglo III cuando el cristianismo fue prohibido de manera institucional. El emperador Decio (r. 249-251 d. C.) emitió un decreto según el cual todos en el imperio debían declarar que habían hecho un sacrificio para los dioses y habían comido la carne ritual del sacrificio. Esta fue la primera legislación romana formal con una intención anticristiana. Aquellos que no cumplían con los requisitos, específicamente los cristianos, que eran inflexibles en su fe e incapaces de sobornar a los funcionarios, fueron sometidos a la confiscación de propiedades, el exilio, la tortura y posiblemente incluso la muerte. La más violenta de las persecuciones formales de los cristianos ocurrió en el reinado de Diocleciano (r. 284-305 d. C). Declaró ilegal el cristianismo y decretó que todos los lugares de culto cristianos fueran destruidos. Los cristianos fueron sistemáticamente privados de los privilegios de su rango en la sociedad romana.

Los estudiosos estiman que entre 3.000 y 3.500 cristianos fueron ejecutados durante el reinado de Diocleciano. Entre esos mártires cristianos había varios que posteriormente fueron canonizados o reconocidos como santos por la Iglesia católica. San Sebastián fue una de estas personas. Fue atado a un árbol por una turba y disparado con flechas. Según la historia de su martirio, no sucumbió a sus heridas. Después de recuperarse, fue a Diocleciano para rebasarlo por sus pecados y fue golpeado hasta la muerte. Otra de las primeras mártires de la fe fue la virginal Inés, de trece años, que provenía de una familia noble romana. Ella rechazó a un pretendiente que luego la denunció como cristiana a las autoridades. La pobre Inés fue arrastrada desnuda a través de la ciudad de Roma. Se dice que todos los hombres que la habían buscado quedaron ciegos. Luego fue juzgada y condenada a muerte. La ataron a una hoguera y encendieron un fuego a sus pies. El fuego, o eso dice la historia, milagrosamente pasó inofensivamente a su alrededor. Como último recurso, un oficial romano la decapitó. Como todos los cristianos, estos mártires podían esperar una vida eterna después de la muerte, que había sido prometida por Cristo, quien sufrió una muerte similar a manos de sus verdugos romanos.

La persecución oficial romana del cristianismo terminó cuando el emperador Constantino (r. 306-337 d. C.) emitió una proclamación conocida como el edicto de Milán en el año 313 d. C., en el que se declaró que los cristianos deberían ser tratados de forma benevolente en todo el imperio. La magnanimidad de Constantino hacia los cristianos fue el resultado de la influencia de su madre Helena, que era cristiana, y de su creencia de que había vencido a su archienemigo con la ayuda de Cristo. El propio Constantino se convirtió formalmente a la fe cristiana y fue bautizado en su lecho de muerte.

En el año 325 d. C., Constantino, en un movimiento para demostrar su simpatía a la Iglesia cristiana, convocó un concilio de obispos cristianos en la ciudad de Nicea, en la actual Turquía. El hecho de que la invitación se dirigiera a 1.800 obispos, así como a los líderes locales y regionales de la Iglesia cristiana, evidencia el rápido crecimiento de la nueva religión. Los eruditos modernos estiman que, en ese momento, había unos cuatro millones de cristianos en el Imperio romano. Esto representa un crecimiento exponencial de la fe. Cuando Cristo ascendió al cielo, que, según las Escrituras, tuvo lugar cuarenta días después de su crucifixión, en algún momento entre el año 30 y el 33 d. C., solo había unos veinte fieles. En el momento de la ejecución en una parrilla de san Lorenzo, uno de los siete diáconos cristianos de Roma, en el 258 d. C., se cree que ya había casi un millón de cristianos.

El rápido crecimiento de la fe cristiana se debió en gran medida a las historias de eventos milagrosos asociados primero con la vida terrestre de Cristo, luego con las vidas de sus apóstoles inmediatos y, finalmente, con los mártires y santos que primero propagaron la fe cristiana en todo el Imperio romano. Mientras que la gente del imperio, en gran parte analfabeta, era incapaz de participar en un debate elevado sobre cuestiones teológicas, podían entender la maravilla de los milagros. Las historias de eventos asombrosos, como la multiplicación de pan y pescado que obró Cristo para alimentar a 5.000 personas hambrientas y la resurrección de Lázaro de entre los muertos. Estos milagros eran historias muy atractivas. Hay pocas dudas de que los milagros en las historias de la fe cristiana ayudaron a aumentar el número de conversos.

La difusión del cristianismo en todos los rincones del Imperio romano presentó dificultades para la unidad de la fe cristiana. De forma aislada, los grupos de cristianos podían absorber elementos de la cultura espiritual local en sus formas de adoración y sistemas de creencias. Estos podrían incluir ceremonias paganas que fueron modificadas y adaptadas a las creencias cristianas. Por ejemplo, la celebración cristiana de la Navidad fue una adaptación del solsticio pagano de invierno. Es probable que los ángeles prominentes en los textos de la fe cristiana fueran una forma modificada de espíritus humanoides voladores que eran prominentes en el culto del mitraísmo, que fue favorecido por los soldados en el ejército romano. Por lo tanto, el cristianismo primitivo ha sido caracterizado por varios estudiosos como una religión sincrética que amalgamaba diferentes religiones, culturas y escuelas de pensamiento. Algunos incluso han propuesto que la idea misma de un solo Dios todopoderoso era bastante común en el Cercano Oriente entre las sectas paganas, así como, por supuesto, el judaísmo.

Con distancias tan grandes que separaban a grupos de cristianos en la época de Constantino, existía un gran número de grupos cristianos que practicaban su religión de acuerdo con las costumbres locales. Estos no eran adecuados para una Iglesia organizada centralmente. Por ejemplo, en el norte de África, había una secta cristiana conocida como los adamitas. Se dedicaban a la adoración desnuda. Esta idea de recuperar la inocencia de Adán en el jardín del Edén probablemente provino de los primeros gnósticos cristianos y judíos (creyentes en el conocimiento espiritual personal) en la región. Otras variantes de la adoración cristiana en la era apostólica incluyeron a los nazarenos en Palestina, que eran cristianos judíos que seguían la Torá en oposición a los cristianos gentiles, que no lo hacían. Los ebionitas, también de origen palestino, creían que Cristo era simplemente un hombre elegido por Dios para ser su último profeta.

Fue debido a este gran número de variantes en la Iglesia cristiana por lo que Constantino convocó el concilio de Nicea en el 325 d. C. El enfoque central de este concilio fue la necesidad inmediata de discutir los escritos de un presbítero, Arrio de Alejandría (256-336 d. C.). El título de presbítero se deriva de la organización de sinagogas judías en la que un consejo de presbíteros ordenados administraba el funcionamiento y la vida espiritual de una congregación fiel.

Arrio y sus seguidores en Egipto creían que Jesucristo era el hijo de Dios y engendrado por Dios el Padre, pero que Cristo era distinto de su padre y no era coeterno con él. Según los arrianos, Jesucristo nació en un momento específico; por lo tanto, no era un ser eterno. Por lo tanto, su existencia no era equivalente a la de

Dios o a la del Espíritu Santo. Para los arrianos, Cristo era un ser menor que Dios. La idea de Arrio fue rechazada por el vigésimo obispo de Alejandría, Atanasio (c. 296-373 d. C.), quien creía que la Trinidad —Dios el Padre, Dios el hijo y el Espíritu Santo— eran iguales y eran los tres coeternos. Los asistentes al primer concilio de Nicea establecieron la fe ortodoxa y el arrianismo fue declarado una creencia heterodoxa. En otras palabras, una herejía y, por lo tanto, fue condenada por la Iglesia cristiana. Esto fue confirmado por el Credo de Nicea, una declaración de creencia cristiana elaborada por el concilio. Esto continúa siendo utilizado en varias formas por las iglesias cristianas hasta el día de hoy. Enfatiza que todos los cristianos suscriben la creencia de que Cristo fue engendrado y no hecho por Dios y que Cristo es un ser con Dios, o, en las palabras del credo, «engendrado no hecho, consustancial con el padre». El Credo de Nicea afirmó además que Cristo bajó a la tierra y fue encarnado como un hombre y que fue asesinado, pero resucitó al cielo para la salvación de la humanidad. El credo original terminó con la condena de la teología arriana. Específicamente dice que es incorrecto sugerir que hubo un tiempo en que Cristo no existió, que fue hecho de la nada, que es de otra sustancia o esencia que Dios mismo, o que Cristo es cambiante de alguna manera.

Nuestro conocimiento de la evolución de la Iglesia cristiana primitiva depende principalmente de textos incluidos los Hechos de los Apóstoles y las cartas de San Pablo a las congregaciones de cristianos de Galacia, una región en el sur de la actual Turquía. También hay textos de teólogos cristianos conocidos como los Padres antenicenos, como Atanasio y, antes de él, el erudito llamado Orígenes de Alejandría (c. 184-253 d. C), así como el escritor cartaginés Tertuliano (c. 155-240 d. C.), y Atenágoras de Atenas (c. 133-190 d. C). Podemos echar un vistazo a las ideas que fueron la base de los voluminosos escritos de los Padres antinicenos en la obra de Orígenes. No solo tradujo el texto hebreo de la Biblia al griego, sino que también interpretó muchos de sus pasajes. Sugirió que antes de crear el universo material, Dios creó las almas de todos los seres inteligentes. En el principio, las almas eran fieles a Dios, pero gradualmente cayeron en pecado y luego se les dieron cuerpos físicos. Orígenes escribió extensamente sobre la relación de las tres entidades de la Trinidad y la encarnación del Logos (Cristo), así como el alma, el libre albedrío y la escatología, o el destino final de la humanidad.

Además de la teología, los escritores de la época del Primer Concilio de Nicea abordaron la historia de la Iglesia cristiana. Entre ellos estaba el obispo Eusebio de Cesarea (c. 260-340 d. C.), quien escribió *Historia eclesiástica*. Con el libro arroja una luz sobre la organización y los acontecimientos en la historia de la naciente fe cristiana.

Aunque Eusebio estaba sesgado en su comprensión de la historia, su trabajo es particularmente valioso al relatar el crecimiento del cristianismo a través de los años de persecución. Al tratar con la barbarie de Nerón, nos dice, por ejemplo: «Así que este hombre, el primero en ser anunciado como un luchador conspicuo contra Dios, fue llevado a asesinar a los apóstoles. Está registrado que en su reinado (64 d. C.) fue decapitado en la misma Roma, y que Pedro también fue crucificado (entre 64 y 68 d. C.)». El texto de Eusebio es rico en información sobre algunas de las sectas heréticas que surgieron en la iglesia. Por ejemplo, nos informa que Cerinto (c.50-100 d. C.), según el obispo Dionisio de Alejandría, creía que «el reino de Cristo estaría en la tierra; y las cosas que se buscaban en sí mismo, siendo esclavo de su cuerpo, llenaron el cielo de sus sueños». Se decía que los cerintios celebraban a Cristo a través de la gula, la lechería, los sacrificios y la inmolación de las víctimas.

Los restos materiales sobrevivientes de la Iglesia cristiana primitiva revelan el tipo de crecimiento sugerido en los textos escritos. Las primeras iglesias eran hogares en los que se reunían los fieles. Esto tiene mucho sentido teniendo en cuenta que la Iglesia sufrió una supresión periódica por parte de las autoridades romanas. El culto privado secreto en entornos domésticos o al aire libre en cementerios proporcionaba la mayor seguridad para los fieles. Un ejemplo es una de iglesias domésticas que data de alrededor del año 232 d. C. y fue excavada en una ciudad fronteriza cerca del Éufrates en Siria. Tenía dos habitaciones que se unieron mediante la eliminación de un muro y se estableció un estrado. Usaron una pequeña habitación cerca de la entrada como un baptisterio. Estos modestos comienzos de la arquitectura cristiana terminaron cuando Constantino eliminó cualquier sanción oficial contra el cristianismo. La construcción de la iglesia inmediatamente barrió el imperio. En Roma, se erigieron la iglesia de Letrán (324 d. C.) y la iglesia de San Pedro (318 d. C). Hoy en día, ambos edificios existentes reflejan las estructuras simples pero altamente funcionales del periodo cristiano temprano. Ambos consistían en una nave rectangular con una entrada en un extremo y un altar en el otro, flanqueado por pasillos laterales. Este era el modelo preferido para las iglesias primitivas, que fue adaptado de las basílicas romanas o salas de reuniones. Junto con la arquitectura estaba el arte visual. Los primeros cristianos usaban los mismos medios que sus contemporáneos paganos: frescos, mosaicos y esculturas. Adaptaron motivos paganos para fines cristianos y a veces era fácil confundirse con el arte romano imperial. Por ejemplo, los bustos de retratos en sarcófagos o ataúdes con el rostro de los emperadores, rodeados de enredaderas decorativas y escenas narrativas bajo marquesinas y separados por columnas, podrían confundirse con arte secular pagano si no fuera por la aparición de escenas con claro contenido cristiano, como eventos de la Biblia como Jonás y la ballena, Noé en el arca, Daniel en la guarida del león, o Cristo el Buen Pastor.

Capítulo 2 – La Iglesia en el siglo XIX

La impía Revolución francesa tuvo un impacto rotundo en las iglesias protestantes y católicas en Europa y en el extranjero. En Inglaterra, Edmund Burke (1729-1797), un astuto observador de asuntos políticos, criticó la destrucción francesa de la sociedad civil y religiosa. Opinó que el cristianismo trinitario formaba la base de la sociedad y que su destrucción por los revolucionarios franceses presagiaba el colapso de la civilización. Para Burke, era evidente que la Iglesia y el Estado estaban íntimamente unidos. Las nociones de Burke fueron rechazadas por escritores que propusieron que los derechos del hombre deberían prevalecer en la sociedad civil. Obras como *Vindicación de los derechos de los hombres* (1790) de Mary Wollstonecraft y *Vindicación de los derechos de las mujeres* (1792) apoyaron firmemente las nociones francesas de los derechos inherentes. En Inglaterra se temía que si la nación se infectaba con las ideas francesas, peligraría la autoridad de la Corona, el Parlamento y el anglicanismo, así como numerosas sectas protestantes disidentes. Los metodistas, por ejemplo, en una serie de conferencias en la década de 1790, afirmaron que los fieles deberían someterse a la autoridad del rey; de lo contrario, una revolución como la de Francia destruiría la religión por completo. El mismo conflicto entre la religión y el Estado surgió en los nuevos Estados Unidos, donde admiradores de la Revolución francesa, como Thomas Paine (1737-1809), el autor de los *Derechos del hombre* (1791), y Thomas Jefferson, el tercer presidente de los Estados Unidos (en el cargo desde 1801 hasta 1809), cuestionaron la verdad de la fe cristiana. Paine escribió que la Biblia «es un libro de mentiras, maldad y blasfemia; ¿Qué nos enseña la Biblia? Crueldad y asesinato». Dijo que su propia mente era su Iglesia. Jefferson, siendo un erudito racional de la Ilustración, no fue tan lejos. Junto con los otros redactores de la Constitución, en la primera enmienda se aseguró de que se garantizara la libertad de religión y que se prohibiera al Estado aprobar leyes que establecieran una religión nacional.

Se negoció una especie de paz entre la Iglesia católica y la nueva República francesa con un concordato negociado entre Napoleón Bonaparte y el papa en 1801. Se aseguró que la Iglesia católica romana, los judíos y los adherentes de las sectas protestantes tuvieran el derecho de adorar libremente en Francia y que la Iglesia católica no se restableciera como la religión estatal. La paz entre el papado y Napoleón no duró mucho. Poco después de su coronación, los ejércitos de Napoleón invadieron los Estados pontificios en Italia y capturaron al papa, que fue llevado a Francia y encarcelado. Permaneció cautivo hasta la víspera de la derrota de Napoleón en Waterloo en 1815.

La conquista de Europa por Napoleón y su ataque al zar de Rusia, que no duró, mucho, tuvo el efecto de mejorar, al menos en la superficie, la alianza de los estados cristianos. Después de la derrota final de Napoleón en la batalla de Waterloo en 1815, el zar Alejandro I de Rusia (1801-1825) formó una Santa Alianza con el emperador Francisco I de Austria (1804-1835) y el rey Federico Guillermo III de Prusia (1797-1840). Los tres monarcas acordaron seguir el cristianismo y sus principios en la restauración de sus reinos después de los ataques de Napoleón. Por la misma razón el papa recuperó a los jesuitas en 1814. En Francia, hubo un movimiento para restaurar la credibilidad del cristianismo como una fe que guiara a la humanidad. Entre estos apologistas estaba François-René de Chateaubriand (1768-1848), quien escribió que «El cristianismo es perfecto; los hombres son imperfectos. Ahora bien, una consecuencia perfecta no puede surgir de un principio imperfecto. El cristianismo, por lo tanto, no es obra de los hombres». Este tipo de pensamiento iba a ser muy influyente en el lento rebrote del catolicismo en Francia.

La reorganización postnapoleónica de Europa, que fue lograda por la élite gobernante, llevó a la ciudadanía de clase baja a abandonar cualquier esperanza de lograr derechos como los prometidos por la Revolución francesa. En su mayor parte, el estatus y las condiciones económicas de las clases bajas europeas disminuyeron con el aumento del industrialismo y la distribución cada vez más desigual de la riqueza. Tratados políticos, como el ensayo de Giuseppe Mazzini (1805-1872) *Deberes del hombre* (1844), abogaban por la libertad de las clases bajas de las acciones arbitrarias de las clases altas. Mazzini dijo que al lograr sus derechos, el trabajador debía recurrir a Dios en lugar de confiar en revolucionarios impíos.

El auge del liberalismo político fomentado en las ahora superpobladas ciudades de Europa, donde proliferaban la pobreza y la enfermedad, se vinculó a los conceptos de derrocamiento del viejo orden y, con él, parte del pensamiento del viejo orden de la Iglesia cristiana. En Grecia, los cristianos ortodoxos se rebelaron contra sus señores otomanos islámicos. Este impulso por la independencia y un ideal de igualdad en un gobierno democrático se convirtió en un toque de atención en toda Europa. Se estableció una monarquía constitucional en Francia, pero poco después de su coronación, el segundo rey Borbón, Carlos X (1824-1830), presidió la restauración de la Iglesia católica romana como Iglesia estatal francesa. Los ultraconservadores ascendieron en la burocracia francesa, tanto que en ese momento se observó que «solo se hablaba de obispos, sacerdotes, monjes, jesuitas, conventos y seminarios». Las regulaciones draconianas que tenían la intención de garantizar la pureza de la Iglesia se encontraron con la oposición, y un levantamiento en 1830 obligó al rey a abdicar y el pueblo tuvo que establecer una nueva monarquía. La burguesía pronto saltó a la fama, al igual que los liberales de la oposición que persiguieron activamente un concepto de libertad universal. Aunque los insurgentes en 1832 no lograron desalojar a la clase dominante, la causa de poner fin a la explotación de los pobres y la hermandad de la humanidad creció entre las clases bajas francesas, que a menudo miraban a la Iglesia cristiana para justificar sus demandas.

Europa se vio envuelta en disturbios sociales. Esto era particularmente importante en las regiones que se habían industrializado mucho. Muchos de los que abogaban por los derechos de los trabajadores creían que solo a través de la fe cristiana se podía lograr algún tipo de reforma. En Francia, Henri Comte de Saint-Simon (1760-1825) atacó a los pensadores liberales de su tiempo. Según él, solo querían cambios políticos para obtener más poder para sí mismos. Fue solo cuando las clases trabajadoras lograron un trato justo y fueron receptoras de la benevolencia cristiana cuando la sociedad comenzó a perseguir la hermandad del hombre. Siempre fue un enigma si las clases bajas se comportaban de manera no cristiana debido a la privación o si eran sus formas depravadas las que las llevaban a posiciones de estrecheces financieras. William Wilberforce intentó reconducir comportamientos perjudiciales fundando la Sociedad para la Supresión del Vicio (la antigua Sociedad de Proclamación contra el Vicio y la Inmoralidad) en Inglaterra a finales del siglo XVIII. Tenía la intención de atacar el consumo excesivo de alcohol, la blasfemia, la lascivia y la profanación del día del Señor. La idea era hacer que los caídos asistieran a la iglesia y enmendaran sus caminos. Wilberforce, quien también defendió el trabajo misionero, se convertiría en un importante defensor de la abolición de la esclavitud, lo que llevó a la aprobación de la Ley de Abolición de la Esclavitud de 1833, terminando así con la práctica en la mayor parte del Imperio británico. Wilberforce es un gran ejemplo de cristianos en acción contra la inmoralidad y la injusticia en el siglo XIX.

El estallido paneuropeo de insurgencias contra el *status quo* en 1848 hizo muy poco para avanzar en el objetivo utópico de la caridad cristiana a todas las clases. Lo mismo puede decirse de los movimientos de independencia que se extendieron por el Caribe y las colonias latinoamericanas de Francia, España y Portugal. La revuelta de esclavos en Haití, que duró de 1791 a 1804, acabó con en el reemplazo del gobierno autocrático francés por una autocracia similar, pero dirigida localmente. En América Latina, entre 1808 y 1826, ocurrió lo mismo con los gobiernos español y portugués, que fueron reemplazados por nuevas dictaduras o pseudodemocracias dirigidas localmente. Esencialmente, el papel de la Iglesia siguió siendo el mismo dentro de los nuevos estados, ya que muchos de los insurgentes fueron inspirados por líderes católicos como el padre Miguel Hidalgo y Costilla (1753-1811), quien se convirtió en mártir en la Revolución mexicana. Aún así, muchos de los diversos estados recientemente independientes intentaron detener la autoridad de la religión aprobando y retractándose de las leyes anticlericales. Un ejemplo de la compleja relación entre Iglesia y Estado en América Latina es Argentina, o lo que entonces se conocía como las Provincias Unidas del Río de la Plata, una junta revolucionaria dirigida localmente que ganó el control de la colonia española en mayo de 1810. La Inquisición fue suprimida, y el nuevo gobierno declaró que el Estado sería «independiente de cualquier autoridad eclesiástica existente fuera de su territorio». Se decidió que si bien la religión oficial de los argentinos sería el catolicismo, la sociedad misma debería ser laica y permitir la libertad religiosa. El presidente de la nueva república nombraría obispos que el papa podría aprobar. En esencia, el sistema tal como se ideó en Argentina para tratar con la religión cristiana era uno de enhebrar la aguja entre lo que era deseable para los liberales en un estado moderno y una respuesta pragmática a la historia de la iglesia.

La rápida industrialización de Europa en el siglo XIX cambió la demografía del continente. Un gran número de campesinos abandonaron el campo y se mudaron a las ciudades. Las condiciones de vida en los pueblos y ciudades en repentina expansión eran, en muchos casos, insalubres, y los efectos de la pobreza se hicieron evidentes. Parte de la solución del gobierno fue esconder a los pobres en los barrios, lejos de las casas de las clases empresariales y propietarias. Muchas empresas descubrieron que las ganancias podían ampliarse con el aumento de la productividad de los trabajadores manuales, que se vieron presionados a trabajar cada vez más duro en condiciones a menudo inseguras. La culminación del industrialismo y el maltrato de la fuerza de trabajo fue la publicación del folleto de Karl Marx (1818-1883) y Friedrich Engels (1820-1895), el *Manifiesto Comunista* en 1848, el año de las revoluciones europeas. Dijeron que la sociedad moderna evolucionó a partir de una historia de luchas de clases y que la solución a la inequidad de clases en una sociedad capitalista moderna era reemplazarla con el socialismo. Esto, junto con la publicación de Charles Darwin (1809-1882) *Sobre el origen de las especies* en 1859, marcó el comienzo de una nueva era en la especulación teológica cristiana y la acción social cristiana.

El enfoque científico de Darwin voló en contra del conocimiento revelado tal como lo entienden los cristianos. Para aquellos que buscaban la verdad objetiva basada en datos empíricos, las teorías de Darwin tuvieron tal influencia que la noción general de la evolución darwiniana se aplicó a los asuntos sociales y políticos y al desarrollo gradual de la civilización misma. Se llegó a creer que a través de la ciencia moderna, lo que era veraz, correcto y útil podía ser dado a conocer a la humanidad. La providencia de Dios en la historia se quedó en el camino en los escritos de eruditos como el historiador Leopold von Ranke (1795-1886), quien estableció la noción moderna de basar una narrativa de la historia en fuentes primarias. Esto fue una desviación completa de la idea de que la historia era una cronología de los actos de Dios. Al mismo tiempo, los estudiosos de la ética, anteriormente una división de la teología, determinaron que la ética natural debía basarse en el estudio científico de la evolución humana y no, como los cristianos habían sostenido, en la palabra de Dios. En un ensayo de 1880, Thomas Huxley (1825-1896), un gran defensor de Darwin, dijo que el conocimiento natural era el principal formador de la vida humana y que los académicos deberían prestar más atención a la ciencia que a los estudios clásicos.

En circunstancias normales, los escritos de los científicos eran de interés para una pequeña comunidad de practicantes de las ciencias naturales y físicas. Pero esto no ocurrió con el trabajo de Darwin, que fue accesible para una gran audiencia que consumía ansiosamente sus observaciones. De particular importancia para los cristianos fueron las teorías de Darwin sobre la evolución y la creación de especies, que parecían contrarrestar la historia dada en el Libro del Génesis del Antiguo Testamento que aseguraba que Dios había creado todo en el universo en siete días. Con el ensayo *El origen del hombre,* publicados en 1871, Darwin causó un gran revuelo con la declaración de que los humanos habían evolucionado a partir de seres, como los simios. A pesar de que, como científico, no se creía la verdad literal de la historia de la creación como se da en génesis, Darwin sí pensaba que había un «creador».

Parecía que en el siglo XIX el mundo como cristianos lo entendían estaba bajo el punto de mira de científicos y eruditos en otros campos de estudio. Se estaban haciendo avances contra las creencias religiosas tradicionales en los escritos de los filósofos. El desafío a la teología tradicional por parte de la filosofía moderna es evidente en escritos como los de Ludwig Feuerbach (1804-1872). En *La esencia del cristianismo* (1841), escribió que cuando oramos a Dios, no nos estamos comunicando con una esencia más allá de nosotros mismos, sino que estamos más bien involucrados en la autocatarsis. Este tipo de declaración era herética para la mayoría de los cristianos en ese momento, ya fueran protestantes o católicos. Un filósofo alemán contemporáneo señaló que la ciencia había destruido lo sobrenatural en el cristianismo. Lo que una vez se consideraron poderes milagrosos e inexplicables atribuidos a los espíritus y a Dios eran todos explicables por la ciencia. Los conceptos metafísicos de la religión tradicional fueron barridos por el racionalismo científico. El filósofo alemán Friedrich Nietzsche (1844-1900) declaró que Dios estaba muerto. Con esto, no se refería a la muerte literal de Dios, sino a la muerte del concepto de Dios como lo sostenían los teólogos anteriores. Según Nietzsche, las personas en el mundo moderno requerían nuevas nociones de moralidad y ética. Nietzsche era un firme creyente de que no existen absolutos e interpretaba toda la filosofía anterior con la noción de que «no hay hechos, solo interpretaciones».

La especulación sobre la religión que provenía de los filósofos alemanes fue desafiada por nuevos debates sobre la dicotomía entre la religión revelada y el método científico, sobre la importancia de las trampas del culto cristiano y sobre el empuje y la atracción entre la espiritualidad contemplativa y la fe en acción.

En la Universidad de Oxford surgió un movimiento entre los anglicanos para la restauración de las tradiciones en la liturgia y la teología. La preferencia protestante por la simplicidad en los servicios de la Iglesia, el gobierno de la Iglesia y la arquitectura y decoración eclesiásticas tuvo el efecto de llevar a algunos, particularmente a los altamente educados, a mirar hacia atrás, particularmente a la Edad Media, cuando la fe era una cuestión de simple piedad realzada por las trampas del entorno eclesiástico. El movimiento tractariano de Oxford, llamado así por su colección de ensayos *Tracts for the Times* (publicados entre 1833 y 1841), promovió el renacimiento de la liturgia católica romana en la Iglesia anglicana. Un miembro prominente de este grupo fue un sacerdote y teólogo anglicano llamado John Henry Newman (1801-1890). Escribió: «El liberalismo es el error de someter al juicio humano aquellas doctrinas reveladas que están en su naturaleza, y de pretender determinar sobre bases intrínsecas la verdad y el valor de las proposiciones que descansan para su recepción simplemente en la autoridad externa de la Palabra Divina». El ascenso del liberalismo protestante requirió el uso apropiado del método histórico-crítico en los estudios bíblicos. Según Newman, si uno no hiciera esto, se llegaría al ateísmo. Las creencias de Newman en la teología anterior a la Reforma de la Iglesia católica eran tan fuertes que finalmente abandonó el movimiento de Oxford y se convirtió al catolicismo. Escribió extensamente sobre sus creencias, sobre todo en *Apología pro vita sua* (1864), y trabajó incansablemente para promover la causa de los católicos británicos e irlandeses que solo recientemente, en 1829, se habían emancipado de las restricciones políticas y educativas en el Reino Unido. La resurrección de las formas tradicionales de culto propuestas por los miembros del movimiento de Oxford y más tarde la renovada Iglesia católica británica requirió decoraciones y vasijas congregacionales que reflejaran las antiguas tradiciones. Estas fueron proporcionadas por arquitectos y diseñadores católicos romanos, como August Welby Pugin (1812-1852), quien determinó que el estilo gótico era el único adecuado para las iglesias cristianas. El renacimiento gótico llegó a dominar la arquitectura eclesiástica y secular, particularmente las instituciones académicas, en Gran Bretaña, su imperio colonial y América.

En Alemania, se llevaron a cabo discursos similares entre académicos para descubrir cómo reconciliar las tradiciones del cristianismo y las necesidades del mundo moderno. La base de esta discusión fue cómo entender el verdadero significado de las Sagradas Escrituras. El erudito protestante Friedrich Daniel Ernst

Schleiermacher (1768-1834), un estudiante y profesor de la Universidad de Halle, intentó crear un sistema innovador de ética basado en el estudio cuidadoso de los textos bíblicos. Se propuso evitar rechazar la religión basada en la razón, en lugar de aceptar los sentimientos e intuiciones de uno, que precedieron a cualquier construcción racional del dogma. Para Schleiermacher, la religión abrazaba los sentimientos inmediatos del infinito. La creencia nos dice que hay existencia más allá de la del argumento racional. La conciencia superior y las experiencias religiosas son componentes esenciales de la teología. Usando su crítica textual avanzada, Schleiermacher escribió prolíficamente sobre el tema del Jesús histórico. Para hacer esto de manera convincente, se volvió de suma importancia fechar los evangelios. Schleiermacher tuvo la suerte de que, en ese momento, la arqueología se había convertido en una disciplina científica en Alemania, y cada vez más hechos históricos estaban surgiendo de las excavaciones alrededor del Mediterráneo. La información de las culturas antiguas que podría aplicarse para comprender el contexto histórico de la Biblia surgió del trabajo de intrépidos arqueólogos como Heinrich Schliemann (1822-1890) en Troya y Micenas y Austen Henry Layard (1817-1894) en Nimrud y Nínive.

Con el avance de la evidencia científica que emerge de las trincheras de los arqueólogos en todo el Cercano Oriente, se hizo cada vez más urgente que la historia y la fe cristiana encontrara algún tipo de punto de encuentro. Esto era muy parecido a la urgencia de la reconciliación entre la ciencia darwiniana y la comprensión cristiana de las condiciones sociales entre las clases trabajadoras. El surgimiento de preguntas sobre si los dogmas en la Iglesia cristiana correspondían a las enseñanzas de Jesús fue esencial para el trabajo de muchos eruditos, como el teólogo luterano Carl Gustav Adolf von Harnack (1851-1930). En su popular libro, *Wesen des Christentums* (1900), publicado en español como *Esencia del cristianismo,* afirmó que los juicios absolutos en la historia son imposibles, pero que la ciencia de la historia podría revelar la esencia de la fe. Él creía que no había tal cosa como milagros. En la versión de Harnack del cristianismo, limpió las acreciones de la Iglesia cristiana primitiva. Él creía que la vida misma de Cristo era su mensaje. Según Harnack, la fe cristiana era simple y sublime: «Significa una cosa y una sola cosa: la vida eterna en medio del tiempo, por la fuerza y bajo los ojos de Dios».

La propensión alemana a la erudición teológica fue igualada por un enfoque más directo y menos complejo del cristianismo en los nuevos Estados Unidos. Allí, durante el Segundo gran despertar, las denominaciones protestantes crecieron rápidamente, en parte debido a la fundación de nuevas universidades basadas en la fe cristiana. Los piadosos fueron alentados a hacer conexiones personales con Dios. Entre las nuevas denominaciones estaban los adventistas, que fueron dirigidos por el predicador bautista William Miller (1782-1849). Anticiparon la segunda llegada de Cristo, y cuando esto no sucedió en el periodo entre 1831 y 1844 como predijo Miller, se produjo la Gran Decepción. Esto fue seguido por una fractura de congregaciones adventistas. La Iglesia adventista del Séptimo Día, que fue fundada a partir del movimiento millerita, se distinguió promovió la fascinación por la segunda llegada del Mesías. La Iglesia adventista del Séptimo Día estableció creencias en la importancia de la dieta, adhiriéndose a las leyes alimentarias kosher y abogando por el vegetarianismo.

En el Segundo gran despertar también hubo un movimiento para un renacimiento en el cristianismo primitivo. Este último fue promulgado a través de reuniones en campamentos misioneros en las que se promovió el avivamiento cristiano, primero entre la gente en el noreste y luego hacia el oeste, donde los predicadores congregacionalistas trabajaron para establecer no solo los valores cristianos, sino que también promovieron la educación cristiana.

Entre las varias sectas establecidas durante el Segundo gran despertar estaban los discípulos de Cristo, también conocidos como la Iglesia cristiana, y la Iglesia de Jesucristo de los Santos de los

Últimos Días, también conocida como mormones. La fe mormona fue fundada por José Smith (1805-1844), quien, gracias a un ángel que conoció en una visión, obtuvo un libro de planchas de oro inscritas con textos judeocristianos concernientes a la historia de la civilización estadounidense. Los tradujo y luego los publicó como el *Libro de Mormón* (1830). También fundó la Iglesia de Cristo (más tarde denominada Santos de los Últimos Días). Smith y sus seguidores primero se mudaron al oeste a Independence, Missouri, y luego a Nauvoo, Illinois. Smith fue asesinado por una turba que estaba enfurecida por las quejas presentadas por los líderes disidentes de la Iglesia. Sus seguidores se mudaron con un nuevo líder, Brigham Young (1801-1877), más al oeste a Salt Lake City en busca de un lugar donde estuvieran libres de persecución.

En algunas partes de Europa, la Iglesia católica también estuvo sujeta a los rumores de los reformistas. Varios hombres fueron llamados de varias denominaciones para predicar un nuevo ministerio en el que propusieron un renacimiento de la iglesia universal original y la perfección de la vida cristiana. La Iglesia católica apostólica, basada en gran medida en el concepto de la segunda venida de Cristo, se desintegró a mediados del siglo XIX. Fue reemplazada por la Iglesia nueva apostólica, que, después de una serie de cismas y disputas teológicas, floreció en Alemania y los Países Bajos. La Iglesia nueva apostólica no era ni totalmente católica ni protestante, sino que dibujaba varios elementos de ambos.

A lo largo del siglo XIX, la Iglesia cristiana fue un semillero de debates sobre el verdadero significado de Cristo, sobre las formas de adoración y sobre las formas de gobierno, ya sea el papado, el estado o las congregaciones individuales. En medio de estas disputas se desarrolló un movimiento que promovía la obligación de los cristianos a participar en la reforma social. Se trataba de una iniciativa protestante, el Evangelio social, y fue particularmente favorecida por los metodistas. Se centró en la justicia social, la desigualdad económica, la pobreza y los males sufridos en los barrios marginales de la clase trabajadora de las principales ciudades. Esta denominación separatista fue formada por metodistas wesleyanos en 1849. Entre sus predicadores evangélicos estaba William Booth (1829-1912), quien creía en el castigo eterno para aquellos que eran incrédulos en el evangelio de Jesucristo. Insistió en la necesidad del arrepentimiento por el pecado. Booth y su esposa establecieron la Sociedad Avivamiento Cristiano en Londres en 1865, centrando sus esfuerzos en los pobres. Fundó el Ejército de Dios para la propagación de la fe entre los marginados, llamándolo el Ejército de Salvación. La organización de esta fuerza para el bien se basó en los militares. En la década de 1880, la nueva denominación cristiana de Booth, el Ejército de Salvación, se había expandido a América del Norte y la mayor parte del Imperio británico.

El nuevo ejército cristiano de Booth fue parte de la renovación cristiana en el siglo XIX, que abarcó lo que se conoció como el Evangelio social. Los evangelios sociales creían que el advenimiento de la segunda venida de Cristo no podía comenzar hasta que hubiera paz y que era necesario librar al mundo de los males sociales. La justicia social, la igualdad económica y el tratamiento del crimen, el alcoholismo, el crimen y la injusticia racial se convirtieron en puntos de reunión del Evangelio Social. Fue particularmente fuerte en los Estados Unidos, donde el predicador congregacionalista Washington Gladden (1836-1918) y el pastor bautista Walter Rauschenbusch (1861-1918) predicaron para el retorno de los principios éticos de Jesucristo. Los reformistas, que siguieron el ejemplo de estos pioneros, establecieron escuelas, misiones y casas de asentamiento en todo Estados Unidos donde a los pobres y necesitados se les podía ofrecer el tipo de caridad propugnada en el mensaje de Jesucristo. Más tarde, en el siglo XX, los defensores del Evangelio social, que incluía varias denominaciones, llegaron a asociarse con el trabajo de los sindicatos.

Mientras que los misioneros que predicaban el Evangelio social se extendieron por Gran Bretaña y América del Norte, las actividades misioneras más tradicionales fueron patrocinadas por varias denominaciones. Estos llevaron la palabra de Dios a los pueblos del mundo. Entre los más conocidos de estos misioneros del siglo XIX estaba David Livingstone (1813-1873), quien era un congregacionalista al servicio de la Sociedad Misionera de Londres, que se había formado en 1795 para convertir a los pueblos indígenas de Oceanía, África y las Américas al cristianismo. Livingstone, que se hizo conocido por todos a través de los informes del periodista Henry Morton Stanley (1841-1904), fue impulsado por su fe a viajar a África, primero a Botswana y luego a las Cataratas Victoria, donde su lema ahora está inscrito: «Cristianismo, comercio y civilización». Livingstone fue un explorador de la construcción del imperio y un misionero en sus viajes por África.

En América, las misiones protestantes también demostraron ser de gran importancia en la propagación de la fe. En 1810, la Junta Americana de Comisionados para Misiones Extranjeras (ABCFM en sus siglas en inglés) se estableció como un paraguas no para la obra misionera en el extranjero. En sus primeros años, la ABCFM patrocinó el trabajo misionero entre los pueblos indígenas de América y se opuso vigorosamente a la Ley de Remoción de Indios de 1830. En la década de 1850, la ABCFM tenía misiones en África, Asia occidental y meridional, China y el Pacífico Norte, así como misiones en los Estados Unidos con los choctaws, cherokees, dakotas y varias otras tribus.

Las buenas intenciones de los Evangelios sociales llegaron a dominar las actividades de la Iglesia cristiana en el Reino Unido y los Estados Unidos. Se fundaron varias organizaciones de defensa. Entre ellos se encontraban la Woman's Christian Temperance Union (WCTU), que se estableció en 1873 en Ohio, Estados Unidos, y la Elizabeth Fry Society, que se fundó en Londres para abogar por la reforma de las prisiones y la protección de los prisioneros.

En el siglo XIX, la Iglesia católica fue golpeada por varios reveses, algunos de los cuales involucraron asuntos puramente políticos. En Alemania, el canciller de la nación recién unificada, Otto von Bismarck (1815-1898), lanzó una *kulturkampf,* o guerra cultural, contra el papa y la Iglesia católica. En ese momento, los católicos eran alrededor de un tercio de la población de Alemania. Bismarck insistió en que la Iglesia católica y su líder no deberían tener voz en los asuntos de Alemania. Algunas de las actividades en la *kulturkampf* fueron inusualmente draconianas. La Ley del Púlpito (1871) declaró que era ilegal que cualquier clérigo discutiera temas que disgustaron al gobierno. Enfurecidos por las duras medidas en su contra, los católicos alemanes fueron instruidos por el papa para votar en masa por un partido político contra Bismarck. El problema se resolvió con la muerte del papa y la decisión de Bismarck de concentrarse en otras preocupaciones, como atacar a los socialistas.

El papa Pío IX (papado 1848-1878) trabajó incansablemente para asegurar la pureza de la fe católica y el control papal sobre todos los aspectos de sus asuntos eclesiásticos. Convocó un concilio eclesiástico, conocido como el Concilio Vaticano I, en 1870. El concilio fue convocado para tratar los crecientes peligros del racionalismo en los debates teológicos, el anarquismo, el comunismo y el socialismo. En otras palabras, discutió todas las formas de pensamiento liberal moderno. En el concilio, se confirmó la infalibilidad del papa, pero otras cuestiones relacionadas con las amenazas a la teología católica romana escaparon a la atención porque el concilio fue aplazado. Las tropas francesas que custodiaban los Estados pontificios se retiraron para tratar con los alemanes en la guerra franco-prusiana. Si esto no fuera suficientemente malo para la seguridad del papa y su consejo, las fuerzas que trabajaban por la unificación de los estados italianos ocuparon Roma. El papa se consideraba prisionero en su propio palacio. Después del concilio, varios teólogos en Alemania fueron excomulgados debido a su oposición al concepto de infalibilidad papal.

Capítulo 3 – La Iglesia en los siglos XX y XXI

Los éxitos misioneros en el país y en el extranjero de varias sectas protestantes en el siglo XIX atrajeron a muchos fervientes evangélicos, que trabajaron para convertir no solo a los no cristianos sino también a los católicos. Al mismo tiempo, en Europa, los pobres fueron olvidados en la miseria de las fábricas. Este contexto obligó a la Iglesia católica a enfrentar directamente las presiones de la era moderna. El impacto del discurso público en temas tan nuevos como el secularismo y el aumento de la discusión de palabras como agnóstico y ateo fue tan grande que la Iglesia católica romana tuvo que actuar rápidamente para lidiar con el modernismo y definir su papel en la fe católica. El papa Pío X (papado 1903-1914) dirigió la Iglesia católica romana en su batalla contra el modernismo herético al publicar la encíclica Pascendi Dominici gregis, o, en español, Alimentando el rebaño del Señor (1907). A través de la encíclica, el papa condenó oficialmente algunos de los principios del modernismo como herejía. Fueron las nociones de Dios, la posición del hombre en el mundo y su vida en el ahora y el más allá, que habían sido propuestas originalmente por los eruditos humanistas, lo que irritó a la Iglesia católica. Las escrituras que era particularmente amenazantes para la fe ortodoxa provenían principalmente de las plumas de los protestantes. Un ejemplo de una obra que los católicos condenaron fue la *Vida de Francisco de Asís* (1893) de Paul Sabatier (1858-1928), que se colocó en el Índice católico de libros prohibidos porque estaba en desacuerdo con la historia canónica del santo medieval.

El tipo de pensamiento que Pío X quería contrarrestar puede ser ejemplificado por el trabajo de Louis Auguste Sabatier (1839-1901). Sabatier fue un profesor protestante en París que avanzó en la causa del liberalismo. Su investigación se centró en cómo la fe cristiana podría ajustarse a la modernidad. Señaló que la teología tradicional se basaba en la autoridad, pero en el mundo moderno estaba siendo reemplazada gradualmente por el método experimental. «Si la teología persiste en someterse a un método antiguo del que todas las demás disciplinas se han liberado, no solo se encontrará en un aislamiento estéril, sino que se expondrá a las negaciones irrefutables y a los juicios incuestionables de una razón cada vez más independiente y segura de sí misma».

El modernismo era, de hecho, una serie de proposiciones algo desconectadas que los tradicionalistas en la Iglesia católica no estaban dispuestos a atacar una por una. Una crítica general del modernismo era que se trataba un método simple para tratar con ideas complejas. Una de esas ideas modernas era el historicismo. Postulaba que todas las instituciones humanas, incluida la religión, están sujetas a cambios constantes. Los historicistas negaron que las cosas cambiaran en relación con un objetivo o propósito final, que era claramente anticristiano. Las proposiciones filosóficas historicistas de que la verdad objetiva se recibe subjetivamente y que el verdadero sujeto de la religión era el hombre fueron consideradas heréticas. El hecho de que los defensores del Evangelio social se convirtieran en actores en el escenario político y el hecho de que su activismo no estuviera controlado por una jerarquía eclesiástica alarmó a la Iglesia católica. En la Francia posrevolucionaria se creó un movimiento entre el clero católico llamado catolicismo liberal como intento de reconciliar a la iglesia con la democracia liberal. Según Pío X, este fue otro ejemplo en el que los eruditos/eclesiásticos podrían caer en el error.

La condena del modernismo, denominada una «síntesis de todas las herejías» por el papa Pío X, fue una amplia red para abarcar una variedad de pensamientos del mundo moderno. Para asegurar el éxito en la erradicación de todas las brasas del pensamiento modernista en la Iglesia católica, se requería un juramento antimodernista de todos los clérigos. Esto incluyó a todos aquellos hermanos y hermanas en órdenes dedicadas a la educación de la juventud. Como las diferentes regiones a menudo seguían las leyes de manera diferente, el papa Pío X aclaró el asunto al instituir el primer Código universal de derecho canónico en 1917. La ley canónica regulaba la organización, el gobierno y el orden de la Iglesia y establecía reglas que regían el comportamiento humano a medida que los católicos perseguían la misión de la Iglesia.

Una secta cristiana significativa que surgió a mediados del siglo XX evolucionó a partir de la Sociedad Torre Vigía de los Tratados de Sión, una rama del movimiento de los Estudiantes de la Biblia en Estados Unidos a finales del siglo XX. En 1931, los miembros de la Sociedad Torre Vigía de los Tratados de Sión se convirtieron en testigos de Jehová y sostenían que la Segunda Venida era la meta de la sociedad. No creían en la Santísima Trinidad, la inmortalidad inherente del alma, o la existencia del infierno y eran pacifistas. Las fiestas y costumbres cristianas, como los cumpleaños, eran de origen pagano y, por lo tanto, incompatibles con el cristianismo.

El pentecostalismo comenzó a principios del siglo XX en los Estados Unidos. En ese momento, esos predicadores, que desarrollaron doctrinas basadas en lo que llamaron el bautismo con el Espíritu Santo, generalmente se separaron de su iglesia. Sin embargo, hacia mediados de siglo, los pentecostales fueron aceptados en las denominaciones principales a medida que se asociaron con avivamientos cristianos de alto poder dirigidos por predicadores como el muy popular Billy Graham (1918-2018). También se vieron atraídos por curaciones masivas que hacían pastores carismáticos como Oral Roberts (1918-2009).

Hasta cierto punto, el surgimiento de iglesias pentecostales y evangélicas en Estados Unidos y en el extranjero en el siglo XX puede verse como un movimiento para contrarrestar la amenaza mundial del comunismo, que aniquilaban la existencia de Dios, ya que la Unión Soviética y la República Popular de China establecieron el ateísmo estatal. Uno de los periodos más espectaculares de crecimiento del evangelismo en el siglo XX fue en América Central, donde varios estados fueron amenazados con el surgimiento de insurgentes comunistas. En un momento dado, pareció que la influencia de la Iglesia católica en la región estaba en peligro. La Iglesia católica fue descrita con bastante frecuencia como si estuviera en manos de dictadores conservadores. También parecía que sus autoridades regionales estuvieran ciegas al sufrimiento de los campesinos e indígenas bajo gobiernos autocráticos. Esto no era del todo cierto, aunque algunos clérigos aprobaron gobiernos represivos.

Algunos clérigos en América Central creían que el Evangelio social se aplicaba a su fe. Óscar Romero, que era el líder de la Iglesia católica en El Salvador, habló en contra de los abusos de poder del gobierno y condenó los asesinatos, la tortura, la pobreza y la injusticia social. Fue asesinado en 1980 mientras celebraba misa. Se estableció una comisión de la verdad para investigar el asesinato, y concluyó que un político de derecha llamado Roberto D'Aubuisson, que estaba respaldado por los Estados Unidos, había dado la orden de matar al arzobispo de San Salvador.

Las circunstancias en las que el arzobispo Romero entró en conflicto con la derecha en El Salvador se remontan al Concilio Vaticano II (1962-1965), que se celebró para definir la posición de la Iglesia católica en el mundo moderno. Muchos de los cambios que tuvieron lugar se hicieron para involucrar a los fieles más plenamente. Las lenguas vernáculas reemplazaron al latín en la celebración de la misa. A los sacerdotes que oficiaban la misa ahora se les permitía ponerse de cara a la congregación. La música de la iglesia se modernizó, las oraciones se revisaron y el calendario de la iglesia se abrevió, eliminando muchos días de santos. El Concilio Vaticano II, que fue presidido por el papa Juan XXIII (papado 1958-1963), consideró un gran número de temas, incluida la restauración de la unidad entre todos los cristianos, el reconocimiento de la legitimidad de las Iglesias católicas orientales (Iglesias ortodoxas orientales) y la actitud reverente de los católicos hacia las religiones no cristianas.

Con el camino abierto para nociones más liberales dentro de la Iglesia católica, ciertos teólogos en América Latina exploraron la «preocupación eclesiástica por los pobres y la liberación política por los pueblos oprimidos». Varios clérigos latinoamericanos aceptaron que debían servir como defensores de la teología de la liberación. Esta nueva teología se situó en el nexo entre la teología cristiana y el activismo político. Implicaba ver la teología desde el punto de vista de los pobres y los oprimidos. El crecimiento de esta teología activista fue espectacular, ya que los pueblos indígenas y los pobres recurrieron a sus párrocos locales para sacarlos de sus condiciones desesperadas. Fue el Evangelio social, o la palabra de Dios en acción, lo que llevó al asesinato del arzobispo Romero.

En el lado opuesto del pensamiento teológico en la Iglesia católica estaban los monjes que habían continuado en la tradición de sus antepasados medievales. Podría decirse que el más influyente de estos monjes en el siglo XX fue el trapense Thomas Merton (1915-1968). Los trapenses son conocidos oficialmente como la Orden de la Estricta Observancia. Thomas Merton era residente de la abadía de Nuestra Señora de Getsemaní en Kentucky, Estados Unidos, y a lo largo de su vida de contemplación y pensamiento, encontró tiempo para escribir más de cincuenta libros. El más popular de ellos fue su autobiografía, *La montaña de los siete círculos* (1948). Inspiró a muchos veteranos estadounidenses que regresaban de la Segunda Guerra Mundial a considerar dedicarse a Cristo retirándose en monasterios.

El aspecto místico de la teología de Merton encaja muy bien con el interés de Occidente en la religión oriental después de la publicación de *Las variedades de la experiencia religiosa: Un estudio de la naturaleza humana* de William James, una serie de conferencias dadas en 1901 y 1902. A lo largo del siglo XX, tal vez en respuesta a los horrores de dos guerras mundiales, la idea de que la teología cristiana podría fusionarse con el misticismo ganó una influencia que no había tenido desde la Baja Edad Media. En medio de la Primera Guerra Mundial, el misticismo cristiano en Inglaterra tenía un fuerte seguimiento. Entre estos entusiastas estaba el poeta Arthur Edward Waite (1857-1942), que era un ocultista inmerso en la religión esotérica. Su Hermandad de la Cruz Rosa, que se inspiró en las órdenes caballerescas medievales como los templarios, atrajo a varios místicos de ideas afines, entre los que se encontraba el novelista británico Charles Williams (1886-1945).

Las denominaciones establecidas desde hace mucho tiempo de la Iglesia cristiana encontraron problemas con respecto a los rápidos cambios en la sociedad que ocurrieron en el siglo XX. En muchos países donde el catolicismo había sido fuerte, el número de feligreses disminuyó precipitadamente. Los conflictos con el estado secular, primero sobre el divorcio, luego sobre el control de la natalidad y finalmente sobre el aborto, causaron en una disminución en el número de católicos profesos. Lo mismo ocurrió en jurisdicciones donde el Estado, en respuesta a los cambios en las costumbres sociales, buscó activamente condenas de eclesiásticos por delitos sexuales que se remontaban a muchos años atrás. Estos crímenes a menudo fueron encubiertos por las autoridades eclesiásticas, que ahora encuentran sus posiciones en peligro. Además, los bienes diocesanos han sido incautados para pagar los daños. Esto ha significado una disminución de la propiedad de la Iglesia católica como nunca antes se había visto en toda la historia de la Iglesia. Como si esto no fuera suficiente, la Iglesia católica, desde finales del siglo XX, se ha enfrentado a una creciente presión para aceptar la igualdad de mujeres y hombres en la burocracia de la Iglesia y en la celebración de la misa. Siete mujeres católicas (las Siete del Danubio) de varios países fueron ordenadas sacerdotisas a bordo de un crucero en 2002. Fueron acusadas de violar la ley canónica, que establece que solo los hombres pueden ser ordenados sacerdotes. Fueron amenazadas y posteriormente excomulgadas. Desde entonces, las mujeres que han sido ordenadas han sido excomulgadas automáticamente por el papa. La Iglesia católica no puede tolerar la ordenación de mujeres porque, como escribió el papa Juan Pablo II (papado 1978-2005), «La Iglesia no tiene autoridad alguna para conferir la ordenación sacerdotal de mujeres y este juicio debe ser definitivamente sostenido por todos los fieles de la Iglesia».

La Iglesia anglicana (la Iglesia episcopal en los Estados Unidos) ha manejado la transición de la dominación masculina a la igualdad de género mucho más ágilmente que la Iglesia católica. Esto se debe en parte a la organización de la jerarquía de la Iglesia. En algunas de las diócesis anglicanas más progresistas, las mujeres han sido ordenadas sacerdotisas desde la década de 1970. Dado que el celibato no es un requisito para el sacerdocio anglicano, el número de mujeres que buscan ingresar a la profesión o llamar a servir a Dios como sacerdotisas es mucho mayor que aquellos que desean convertirse en sacerdotes en la fe católica. La primera obispa en la Iglesia anglicana, o episcopal, se instaló en los Estados Unidos en 1989. Desde entonces, otras obispas han sido nombradas en una docena de diócesis.

El más sorprendente de todos los cambios en la Iglesia cristiana en los siglos XX y XXI es el surgimiento de las iglesias evangélicas pentecostales en todo el mundo. La Fraternidad Mundial

Pentecostal, que fue fundada en 1947, actúa como una organización paraguas para unos 279 millones de pentecostales de más de 700 denominaciones. La declaración de fe pentecostal afirma: «Creemos en el ministerio del Espíritu Santo por cuya vida los cristianos están capacitados para vivir una vida piadosa». Esta declaración insinúa que el movimiento pentecostal se ha aliado con el movimiento cristiano carismático, cuya teología enfatiza la obra del Espíritu Santo, los dones espirituales y los milagros como parte de la vida cotidiana de un creyente. Los cristianos pentecostales y carismáticos juntos suman más de 584 millones de personas en todo el mundo, que comprenden más de una cuarta parte de los dos mil millones de cristianos en el mundo.

En la actualidad, en los países más ricos del mundo, las congregaciones cristianas están disminuyendo rápidamente. Esto es principalmente un fenómeno que se produce en la Iglesia católica y algunas denominaciones protestantes. Sin embargo, en las regiones menos ricas del mundo, la membresía de la Iglesia se está expandiendo rápidamente. Lo que esto ha significado para la Iglesia cristiana es que el centro de la formación teológica y la ubicación de algunos de los pensamientos más radicales en la Iglesia ahora no están en Europa o América del Norte. El cambiante control sobre los asuntos en la Iglesia católica se evidencia con el nombramiento del argentino Jorge Mario Bergoglio como papa Francisco en el 2013. Es el primer no europeo en ocupar este cargo. El mismo tipo de cambio está ocurriendo en la Iglesia anglicana. John Tucker Mugabi Sentamu, nativo de Uganda y refugiado en Inglaterra, fue nombrado arzobispo de York y primado de Inglaterra de 2005 a 2020. Por lo menos, la elección del papa Francisco y el arzobispo Sentamu sugieren que la Iglesia cristiana como institución está en constante cambio. Pero el cambio ocurre a diferentes ritmos entre las diversas denominaciones. Muchos mantienen prohibiciones contra el divorcio, el aborto y el matrimonio entre personas del mismo sexo. Algunos prohíben a los gays y lesbianas ocupar cargos religiosos. Esto sin duda cambiará cuando este tipo de prohibiciones no sean seguidas por los estados laicos.

Capítulo 4 – El establecimiento y crecimiento de la Iglesia en el Imperio romano

Según la tradición, el cristianismo fue traído a Roma desde su lugar de nacimiento en Tierra Santa por Pedro, uno de los doce apóstoles de Jesucristo. Pedro, como Cristo, era un hombre de clase baja que trabajaba con sus manos. Era pescador. Cristo se acercó a Pedro y a sus compañeros en el lago Genesaret y milagrosamente llenó sus redes de peces. Esto, junto con la visión de Cristo caminando sobre el agua, que se relata en tres de los evangelios, y la incapacidad de Pedro para hacerlo, son las historias fundamentales de la vida de Pedro como misionero o, como Cristo dijo, un pescador de hombres. Los fragmentos de la historia de la vida de Pedro, tal como se cuentan en los cuatro evangelios del Nuevo Testamento cristiano, se ampliaron en el Evangelio de los Hebreos, conocido solo por fragmentos y referencias de terceras personas. Aunque Pedro negó el conocimiento de Cristo tres veces durante su tortura y crucifixión, fue a él a quien Cristo se le apareció por primera vez después de resucitar de entre los muertos. Debido a que Pedro fue el primero en experimentar el mensaje del

Mesías que decía que salvaría a la humanidad a través de su resurrección, es considerado el fundador de la línea ortodoxa en la Iglesia cristiana. La misión de Pedro en la propagación del mensaje de Cristo se cuenta en los Hechos de los apóstoles y en la epístola de san Pablo a los Gálatas. Al principio, Pedro predicó en Jerusalén. Cuando fue suplantado por una facción liderada por el apóstol Santiago, que sostenía puntos de vista conservadores de adhesión a la ley judía, Pedro se mudó a Antioquía, donde fundó una iglesia y tal vez sirvió como el primer patriarca allí. Los escritos posteriores en cambio indican que Pedro fue a Roma, donde se convirtió en el primero en el linaje de obispos de Roma, o papas, que se extiende hasta nuestros días.

Es incierto exactamente cuánta autoridad tenía el papa romano sobre las iglesias cristianas, principalmente las de Asia Menor, Tierra Santa y Egipto. Cuando san Pablo escribió su carta a los Romanos y apareció en la ciudad, no mencionó a Pedro como papa u obispo de Roma. Probablemente no fue hasta el reconocimiento del cristianismo por parte de Constantino en el año 312 d. C. cuando el papa en Roma llegó a dominar la jerarquía de la Iglesia, ejerciendo autoridad en Jerusalén y en el centro de desarrollo de la teología cristiana en Alejandría. La manifestación de la primacía de Roma en los asuntos eclesiásticos estaba implícita en la construcción de la iglesia de San Pedro en la época de Constantino sobre la tumba del mártir.

El teólogo cristiano, misionero y padre anteniceno Ireneo (c. 130-c. 202 d. C.) escribió extensamente sobre la historia de la Iglesia cristiana primitiva. Hizo una lista de los papas (sucesión apostólica) desde san Pedro hasta el papa Víctor I (papado 189-199 d. C.). Aunque Ireneo era un griego de Esmirna, viajó ampliamente por Occidente y se convirtió en sacerdote y luego obispo de Lyon cuando la comunidad cristiana allí estaba sufriendo la persecución romana. Ireneo era un cristiano de tercera generación, y afirmó haber escuchado predicar al posteriormente martirizado Policarpo

(69-155 d. C.). Policarpo, según sus contemporáneos, fue discípulo del apóstol Juan.

El primer texto detallado que revela los inicios de la organización de la Iglesia cristiana bajo el liderazgo de un papa romano es una carta escrita por el papa Clemente I (papado 88-89 d. C.) a la congregación en Corinto, que había sufrido una especie de golpe de estado con la deposición de presbíteros. En su epístola a los Corintios, Clemente indicó que debían reinstalar a los presbíteros y que los apóstoles habían ordenado que los obispos y diáconos gobernaran la Iglesia. El papa Clemente afirmó que todos los cristianos tenían que obedecer a sus superiores. Con el tiempo, la primera epístola de Clemente se convirtió, junto con las decisiones del Concilio apostólico de alrededor del año 50 d. C., en un documento fundacional para el Derecho eclesiástico (o canónico).

En el momento del Concilio de Nicea en 325, había grupos de cristianos en todo el Imperio romano. La mayoría se encontraban en Armenia (oficialmente cristiana desde el año 310 d. C.), Egipto, África del Norte, Grecia, España, Italia, Francia, Europa central, el sur de la India (cristianizado por el apóstol Tomás después del 52 d. C.) y Etiopía (el primer obispo fue nombrado el año 325 d. C.). El cristianismo de habla siríaca se centró en la ciudad mesopotámica superior de Edesa, desde donde los misioneros se extendieron por Mesopotamia y Persia. En el año 424 d. C., el líder de la iglesia, o primer patriarca siríaco, podía tener jurisdicción sobre toda la Iglesia cristiana en los confines orientales del Imperio romano y más allá de la India y Sri Lanka.

Se argumenta que la rápida difusión de la religión fue el resultado de su atractivo para las clases bajas, cuyas vidas mejoraron significativamente por la adopción de los principios cristianos. La promesa de salvación, las historias de milagros y el hecho de que convertir a un miembro de un hogar significaba la conversión de toda una familia se han sugerido como contribuyentes a la rápida expansión de la nueva fe.

Después del reinado del emperador Constantino y su conversión al cristianismo en el lecho de muerte, la Iglesia sufrió solo un periodo de persecución. El emperador Juliano en 361 d. C. marcó un breve interregno de paganismo imperial oficial. Hasta su muerte en el año 363 d. C., Juliano, conocido como Juliano el Apóstata, convirtió a todo el Imperio al paganismo del mundo griego helenístico. Su visión hacia una era precristiana fue motivada por su deseo de salvar el Imperio y restaurar su antigua gloria. Las leyes de Juliano prohibieron a los cristianos enseñar y convertir a los incrédulos, pero se prescindió de ellas cuando murió. Según los rumores de la época, fue asesinado por uno de sus soldados cristianos. Sea cierto o no, todos los cristianos dieron un suspiro de alivio cuando este creyente de mitos y alegorías antiguas fue a su tumba. Valentiniano el Grande (r. 364-375 d. C.) despejó el camino para la expansión de la religión cristiana. Bajo el emperador Teodosio I (r. 379-395), el cristianismo se convirtió en la religión oficial del estado del Imperio romano. Los rituales paganos, la herejía arriana y todos los vestigios de la religión helenística fueron prohibidos. La religión cristiana, fijada en el Concilio de Nicea, se convirtió en la única fe autorizada.

El crecimiento del cristianismo en el periodo inmediatamente posterior a Nicea no solo dio lugar a disputas sobre la autoridad, como la reclamada por el patriarca de la Iglesia persa sobre la autoridad de la Iglesia romana, sino que también condujo a disputas doctrinales. La más importante de ellas se basó en la teología de Nestorio, arzobispo de Constantinopla desde el año 428 hasta el 431 d. C. Como defensor de la escuela teológica de Antioquía, propuso que en la unión de Dios y Cristo las dos naturalezas, divina y humana, eran distintas. Esto iba en contra de la teología de Cirilo de Alejandría (el patriarca de Alejandría desde el año 412 hasta el 444 d. C.), que condenó el nestorianismo en el Concilio de Éfeso en el año 431. Este concilio, convocado por el emperador Teodosio II (r. 402-450 d. C.), estaba formado por unos 250 obispos. Declaró heréticos los conceptos de Nestorio de la dualidad de Cristo, solidificando así la separación de la iglesia persa nestoriana de la de Occidente.

Con la creciente sofisticación del gobierno de la Iglesia después de los Concilios de Nicea y Éfeso, surgió una necesidad de una investigación seria de la teología cristiana a través del estudio de la Biblia, ya que las palabras y los hechos de Jesucristo y los textos de la era apostólica necesitaban ser interpretados más plenamente.

Por lo tanto, los primeros escritores fueron fundamentales para la historia posterior de la Iglesia, así como los eruditos cristianos de la llamada era patrística, que fueron conocidos como los Grandes Padres u Ocho Doctores de la Iglesia. Entre los que refinaron la doctrina cristiana estaba san Ambrosio, que fue obispo de Milán desde el año 374 hasta el 397 d. C. Fue un fuerte opositor del arrianismo, sobre el que escribió un denso tratado. En ese momento, el arrianismo había ganado un amplio apoyo entre muchos miembros del clero e incluso el emperador romano Valentiniano II (r. 375-392 d. C.). Ambrosio también escribió sobre temas relacionados con la ética cristiana. Es recordado más popularmente por su postura liberal sobre las prácticas litúrgicas de las iglesias locales, afirmando que: «Cuando estés en Roma, haz lo que hagan los romanos».

San Jerónimo (c. 345-420 d. C.) nació en los Balcanes. Estudió en Roma, y tras un periodo de estudio en Tréveris, Alemania, se mudó con un grupo de seguidores al norte de Siria y fue ordenado en Antioquía. Luego viajó a Constantinopla y Roma. En Roma, san Jerónimo tradujo el Nuevo Testamento del griego al latín. Siempre inquieto, Jerónimo fue a Tierra Santa, visitó Alejandría y luego se estableció para leer y escribir incesantemente en una cueva donde produjo una versión del Antiguo Testamento, comentarios sobre la fe cristiana y un ataque al pelagianismo. Este concepto cristiano heterodoxo, presentado por el teólogo Pelagio (c. 355-c. 420), sostenía que el hombre no nació con el pecado original y que las personas eran libres de adquirir la perfección humana sin la gracia divina.

Una refutación más completa del pelagianismo fue compuesta por el contemporáneo san Agustín de Hipona (354-430 d. C.). Bautizado por Jerónimo en Milán en el 387 d. C., Agustín llevó una vida como un predicador notable y un fuerte oponente del maniqueísmo, una religión persa basada en la lucha entre el bien y el mal. El maniqueísmo fue adoptado por los pueblos de habla aramea en el Cercano Oriente y, en un momento dado, fue el principal contendiente religioso contra el cristianismo. Aunque Agustín escribió muchos libros y cartas, su libro *La ciudad de Dios* es el que ha tenido un impacto más duradero en el pensamiento cristiano. En él, trató temas como el sufrimiento de los justos, la existencia del mal, el pecado original y el conflicto entre el libre albedrío y la omnisciencia de Dios.

Fue el papa Gregorio (papado 590-604 d. C.) quien posiblemente estableció la forma de la divina liturgia. Fue un enérgico oponente del donatismo, un movimiento herético que floreció entre los cristianos en el norte de África. Según los donatistas, la comunión y otros ritos de la iglesia solo podían ser ofrecidos por sacerdotes completamente puros.

Los otros cuatro papas anteriores desarrollaron ideas para la rama occidental de la Iglesia. Mientras que los cuatro papas orientales ayudaron a desarrollar los cimientos de la Iglesia ortodoxa. Entre ellos estaban el fuertemente antiarrio Atanasio de Alejandría (296-373 d. C.) y Basilio de Cesarea (330-379 d. C.), el último de los cuales era el obispo de Cesarea en Asia Menor y quien escribió una obra influyente titulada *Sobre el Espíritu Santo*. Gregorio Nacianceno (329-390 d. C.), arzobispo de Constantinopla, escribió sobre la Trinidad, que era sin duda la más apremiante de las controversias eclesiásticas. Juan Crisóstomo (347-407 d. C.), quien más tarde se convirtió en el arzobispo de Constantinopla, fue clave en la creación de una liturgia divina que transformó el rito bizantino hasta la versión que se practica ahora en la Iglesia ortodoxa oriental.

Mientras que los escritos teológicos de los papas, tanto orientales como occidentales, definían y resolvían asuntos que causaban conflictos dentro de la Iglesia cristiana, había otros, a menudo menos eruditos, que servían como defensores activos de la función misionera de la Iglesia. Las vidas de los santos cristianos medievales tempranos que llevaron la palabra de Dios a los confines de la tierra conocida fueron registradas en hagiografías populares, que alababan su santidad y su estoicidad frente a la oposición de bárbaros y paganos. Un ejemplo de este tipo de luchador por la fe es san Patricio, quien se cree que llevó el cristianismo a Irlanda en el siglo V. Como primer obispo de Armagh y primado de Irlanda, Patricio promovió la conversión de politeístas celtas. Se relata que hizo uso de poderes milagrosos como restaurar la vista de un ciego, desterrar las serpientes de Irlanda, convertir un tazón de agua en miel para curar a una mujer enferma, expulsar demonios con una campana y golpear a un mago muerto con un rayo.

En Francia, un ejemplo de los santos cristianizadores que convertían a los paganos es san Denis. En el siglo III, mientras servía como obispo de París, fue decapitado. Pero parece que esto no consiguió que terminara instantáneamente con su predicamento, porque el buen santo, según la literatura hagiográfica, tomó su cabeza y continuó su sermón sobre el arrepentimiento.

La obra misionera del gran número de fieles adherentes se vio reforzada por el misterio de los milagros que atraían a la gente común. Este aspecto del cristianismo, comenzando con el recuento de historias de los milagros del mismo Cristo, se perpetuó en los cuentos de los muchos santos locales, que a su vez eran responsables de otros milagros. San Columba (c. 521-597) fue un misionero en Irlanda y el fundador de la Iglesia cristiana en

Escocia. Su vida, o hagiografía, tal y como la escribió Adomnán (628-704) un siglo después de la muerte de Columba, incluye una rica colección de historias del santo sanando a la gente, domesticando bestias salvajes, resucitando a los muertos y controlando tormentas inmensas. Los actos milagrosos en las hagiografías, que son omnipresentes en el folclore local en toda la cristiandad, fueron fundamentales para atraer la atención de los posibles conversos y mantener su fe después de la conversión. La cuestión de la verificación histórica de los milagros no ha sido crucial. Lo importante era el efecto de tales eventos sobrenaturales en los que creían que eran verdaderos. Lo mismo ocurre con las historias que, para algunos, son de dudosa veracidad. Por ejemplo, se dijo que la cristianización de Francia comenzó con la llegada de un bote cargado de cristianos a la desembocadura del Ródano poco después de la crucifixión de Cristo. Entre los pasajeros estaban María Magdalena y dos testigos de la crucifixión de Cristo: María Salomé y María de Clopas. Las tres Marías estaban, según esta leyenda, acompañadas por José de Arimatea, el hombre que se hizo cargo del entierro de Cristo. Si esto es un hecho histórico o es ficción no es importante para la crónica del cristianismo. Lo que es significativo es que estas historias ganaron vigencia como un testimonio de la verdad última de la fe cristiana.

Capítulo 5 – La era del monacato y el escolasticismo, el ascenso de las universidades y las cruzadas

La vida cristiana puede ser entendida desde muchas perspectivas. A lo largo de la historia, ha habido dos muy populares. Hay quienes creen que su obligación como verdaderos creyentes es convertir y guiar a las personas a través de la predicación del evangelio, compartiendo así el mensaje de Cristo. Y hay quienes entienden que para comprender plenamente el mensaje divino de Cristo es necesario alejarse de las distracciones de la vida cotidiana y vivir una vida ascética, absteniéndose de todas las distracciones del placer sensual. En los primeros tiempos cristianos, aquellos que buscaban una existencia contemplativa vivían como ermitaños en el desierto, como el profeta del Antiguo Testamento Elías (c. 900 a. C. – c. 849 a. C.) y san Juan el Bautista (finales del siglo I a. C. - c. 30 d. C.). Ambos se retiraron del mundo para tener periodos de reflexión. Se cree que Pablo de Tebas (c. 226-c. - 341 d. C.) fue el primer ermitaño cristiano completamente dedicado a la vida en aislamiento. Estuvo solo en el desierto de Egipto durante la mayor parte de su larga vida. Su sucesor fue san Antonio de Egipto (251-356 d. C.), cuya biografía fue importante para el surgimiento del monacato cristiano. Fue escrita por Atanasio de Alejandría, e incluía una historia de tentación por demonios malvados muy similar a la tentación de Cristo por Satanás durante sus cuarenta días en el desierto de Judea.

Los primeros ermitaños cristianos en Egipto y en otras partes del Cercano Oriente no vivían en cuevas solitarias. San Simeón Estilitas (c. 390-459 d. C.) eligió una plataforma aislada en una columna elevada para pasar unos treinta y siete años en contemplación de lo divino. Desde su hogar, podía comunicar sus visiones del Espíritu Santo a los rebaños de fieles que se reunían debajo. En el sitio donde estaba su columna, a unos treinta kilómetros de Alepo, Siria, se erigió una espléndida iglesia que es conocida como *Qal en Siman* o la Fortaleza de Simeón.

Algunos hombres de Dios que vivían en el desierto eligieron construir chozas en comunidades de ideas afines. San Basilio el Grande, el obispo de Cesarea (330-379 d. C.) organizó el gobierno interno. Compuso un conjunto de reglas monásticas que se utilizaron en la Iglesia cristiana en Oriente. Sus instrucciones para la vida exigían una estricta adhesión a la pobreza y la castidad, así como mandatos para educar a los jóvenes en escuelas adscritas a comunidades monásticas. Una de las primeras fundaciones monásticas en Oriente fue el monasterio de santa Catalina en el Sinaí, que fue construido por el emperador Justiniano I (r. 527-565 d. C.). La santa fue encarcelada y torturada por su fe por orden del emperador Majencio (r. 306-312) en la víspera de su asunción del trono imperial. En la cárcel, fue atendida por ángeles y alimentada por una paloma enviada desde el cielo. Aquellos que fueron a verla en prisión se convirtieron inmediatamente al cristianismo. Como la tortura no logró romper su fe, Catalina fue colocada en una rueda con púas, pero cuando sus torturadores intentaron girarla y matarla, la rueda de la muerte se hizo añicos milagrosamente. Finalmente se ordenó que fuera decapitada.

En Europa, san Benito de Nursia (c. 480-c. 550 d. C.) compuso una lista de reglas para aquellos que vivían en las doce comunidades monásticas que estableció cerca de Roma. La extensa regla de san Benito o regla benedictina, compuesta en el año 516, estableció los principios para vivir una vida comunitaria y contemplativa y cómo los monasterios debían ser gobernados bajo el liderazgo de un abad. Benedicto reconoció las reglas monásticas anteriores escritas por san Basilio y se basó en escritores autorizados anteriores, como los de san Agustín. La mayoría de las instrucciones indicaban cómo un monje debía ejercer «la obediencia sin vacilaciones» y ser humilde. Aunque los monjes debían obedecer a su abad, su consejo debía ser llamado para tratar asuntos relacionados con la comunidad. En un monasterio no se podía hablar en exceso. Debía haber una estricta adhesión a las ocho horas canónicas, o divisiones del día, con tiempos fijos para la oración, que se formularon en la era apostólica. De acuerdo con la regla de san Benito, a los monjes se les prohibió tener posesiones privadas. Se regulaba su trabajo, la comida y los libros que podían leer. Su horario diario de trabajo manual, que incluía comer, dormir y orar, estaba claramente definido. Los abades fueron instruidos para ofrecer hospitalidad a los visitantes, que no debían asociarse con la población general de monjes. Los setenta y tres capítulos de la regla cubrían casi todos los aspectos de la vida monástica y fue adoptada de una forma u otra por las comunidades benedictinas europeas y fue seguida por otras órdenes monásticas que se fundaron en la Edad Media.

Después de san Benito, el número de monasterios en la cristiandad occidental creció rápidamente. Se fundaron muchos en Irlanda, entre ellos el monasterio de Clonmacnoise (544 d. C.). Lo mismo ocurrió en Escocia después de la fundación de un monasterio en Lindisfarne en el siglo VI. Los establecimientos monásticos llegaron a todo Europa. Uno de los más grandes fue en

Saint Gall en Suiza, donde se fundó una comunidad monástica en la primera mitad del siglo VIII sobre la ermita de un monje irlandés solitario llamado san Galo (c. 550-c. 646 d. C.). A principios del siglo IX, la abadía de Saint Gall se había convertido en una comunidad altamente compleja. Contaba con una serie de edificios, incluyendo una gran iglesia, dormitorios, cocina, enfermería, comedor y espacios agrícolas. Todos fueron construidos para servir a los propósitos de un grupo autosuficiente de monjes contemplativos.

La rápida penetración en Europa del monacato benedictino fue acompañada por un aumento en la erudición sobre la fe cristiana. Un ejemplo de esto fue el trabajo de un monje benedictino conocido más tarde como el Venerable Beda (c. 673-735 d. C.), que vivió de vez en cuando en la abadía de Jarrow en el norte de Inglaterra. Viajó a muchas abadías en Gran Bretaña, enseñando y recopilando información sobre la historia del cristianismo en las islas británicas. Gracias a su libro, *La historia eclesiástica del pueblo inglés,* se convirtió en el primer historiador de Gran Bretaña. Aparte de la historia y la teología, Beda centró su estudio en el cálculo de fechas en el calendario cristiano. Intentó establecer la fecha correcta para la celebración de la Pascua, un evento principal en el calendario cristiano, y calcular el número de años desde el nacimiento de Cristo, que se conoce como *Anno domini,* o el año de nuestro Señor.

Con el declive del Imperio romano, las tribus bárbaras, tanto dentro como fuera de las fronteras imperiales, abandonaron lentamente sus estilos de vida nómadas. Casi al mismo tiempo, fueron sujetas a la conversión al cristianismo por san Patricio del siglo V en Irlanda. El rey Clodoveo I, que logró unificar a las tribus francas bajo su autoridad, fue bautizado por san Remigio (437-533 d. C.), el obispo de Reims en el año 496. Las tribus germánicas orientales en lo que hoy es Ucrania y Rumania se convirtieron a la fe cristiana a finales del siglo IV por Ulfilas (c. 311-383), quien también tradujo la Biblia al idioma gótico.

Los líderes seculares cristianos en Europa en las primeras etapas del surgimiento de monarquías y principados obtuvieron su autoridad temporal por medio de la fuerza. A partir del siglo V, los líderes romanos de la Iglesia cristiana, los papas, también ejercieron el poder temporal, adquiriendo el control sobre la tierra en la península italiana que se conoció como los Estados pontificios. De estos estados, los papas recurrieron a los nobles para el servicio, que proporcionaban apoyo militar de vez en cuando. Una cierta porción de los productos agrícolas también era entregada a la corte papal. El hecho de que el poder temporal fuera reclamado por el papado condujo a conflictos con reyes y príncipes seculares a lo largo de la Edad Media. Uno de los documentos legales que los papas utilizaron para apoyar su reclamo de autoridad secular y política sobre reyes y potentados fue la donación de Constantino. Fue supuestamente un decreto del emperador Constantino que otorgó al papa autoridad política sobre las partes occidentales del Imperio romano. El documento fue expuesto como una falsificación por un erudito humanista renacentista en el siglo XV. Hoy en día, se cree que la donación de Constantino fue escrita en el siglo VIII.

Carlomagno (r. 800-814 d. C.) se convirtió en el rey de los francos en el año 768. En el año 800 viajó a Roma, donde fue coronado como el emperador del Sacro Imperio Romano Germánico por el papa, recibiendo así el reconocimiento divino por su posición como el mayor gobernante en Europa desde la era de los romanos y confirmando su posición como un líder secular subordinado al papa. En la ceremonia de coronación no queda claro si el poder secular le fue conferido por el papa actuando como regente de Dios en la Tierra o si obtuvo este poder estrictamente a través de medios seculares. Hasta la era moderna no está claro si el Dios cristiano trabajó únicamente a través de la autoridad de su regente en la Tierra, el papa, o si seleccionó soberanos específicos para ser sus regentes en la Tierra. A lo largo de la historia de la iglesia en la Edad Media, el conflicto entre el papa y los líderes seculares se enmarcó en torno a los derechos de estos últimos a exigir unilateralmente impuestos sobre las instituciones eclesiásticas, como los monasterios, y a nombrar autoridades eclesiásticas.

El papa mismo no era el único hombre de la Iglesia que dependía de un sistema de rentas y lealtades, conocido como el sistema feudal. A medida que las comunidades monásticas se expandieron, requirieron más y más tierras agrícolas para el sustento de los monjes. También dependían de los nobles circundantes para su protección. Los monasterios bajo el liderazgo de los abades se convirtieron así en partes integrales del feudalismo europeo. Las rentas en forma de productos agrícolas y trabajo en tierras monásticas, así como el servicio militar adeudado por nobles serviles, tuvieron el efecto de elevar algunos establecimientos monásticos a un nivel muy alto en los consejos de reyes y príncipes superiores. Por ejemplo, las abadías principescas o imperiales en el Sacro Imperio Romano Germánico llegaron a tener una línea directa especial con el trono imperial. Los príncipes-abades llegaron a ser consejeros del emperador, y como tales, ocuparon posiciones que crearon una doble lealtad a su líder secular y al papa.

El predominio del poder secular reclamado por los soberanos sobre ciertas comunidades cristianas significaba que había una fricción continua entre el papado y los líderes de los estados con mentalidad independentista. Y a menudo esto conducía a la guerra. El problema se agravó cuando los nobles seculares fundaron o financiaron establecimientos monásticos. En el siglo X, la mayoría de los monasterios europeos eran de propiedad privada, y los propietarios seculares reclamaron la autoridad para nombrar abades y funcionarios. En muchos casos, estos puestos fueron ocupados por eclesiásticos no calificados, y el comportamiento de sus monjes se volvió laxo.

En un esfuerzo por reformar la vida monástica, que todavía seguía nominalmente la regla de san Benito, Guillermo I, duque de Aquitania (875-918 d. C.), fundó un monasterio en Cluny en el año 910. Los monjes debían seguir una vida más pura de adoración contemplativa, fomentar el uso de bellas artes para alabar a Dios y cuidar a los pobres. Para evitar que el monasterio cayera en abusos seculares, el duque Guillermo hizo que el gobierno de la abadía de Cluny fuera completamente subordinado al papado. Sin interferencia secular, los benedictinos cluniacenses crecieron en número, y se fundaron varias abadías en Francia, Inglaterra, Italia y España. Esta noción de que los benedictinos cluniacenses estaban completamente bajo el control del papado fue violada una y otra vez por potentados seculares que resentían el control de grandes partes de sus economías por el papado.

Un monje de Cluny llamado Robert de Molesme (1028-1111) descubrió que incluso los monasterios cluniacenses reformados estaban contaminados con un comportamiento laxo. Obtuvo permiso para establecer un monasterio donde se practicasen principios benedictinos estrictos y severos. Él y un grupo de seguidores fundaron un monasterio en Cîteaux cerca de Dijon en Francia en el año 1098. Tal vez debido a la estricta organización de la orden austera, el monasterio no atrajo inmediatamente a suficientes monjes para garantizar su viabilidad. En 1112, un noble borgoñón llamado Bernardo (1090-1153 CE) y una treintena de sus amigos se unieron a la abadía de Cîteaux, preparando así el escenario para el crecimiento de la Orden de los Cistercienses. Bernardo fue encargado por el abad de Cîteaux para establecer una abadía cisterciense en Claraval, donde la reputación de la santidad de Bernardo y, sin duda, sus conexiones con la nobleza resultaron en una expansión tan rápida de su abadía que, a su vez, fundó nuevos monasterios en varias diócesis a lo largo de lo que hoy es Francia.

El edificio más importante en una comunidad monástica medieval era la iglesia. Estas estructuras a menudo masivas se construyeron en el estilo románico, una combinación de antiguos motivos arquitectónicos romanos como pilastras, columnas, bóvedas de cañón y arcos de medio punto, así como motivos de la Iglesia cristiana oriental, un plan basilical y techos de semicúpula. Las iglesias benedictinas románicas francesas como la de Vézelay (1120-1150), Saint-Sernin en Toulouse (c. 1118) o la de Sainte-Foy en Conques se construyeron no solo para los monjes, sino que también se decoraron con esculturas y pinturas murales que ilustraban historias del Antiguo y Nuevo Testamento. Estas abadías sirvieron como una especie de Biblia visual para los fieles campesinos analfabetos, así como para los peregrinos más ricos que pasaban por la ciudad en su camino a través de Francia. A menudo, se dirigían a través de los Pirineos hacia España para visitar Santiago de Compostela, donde se alojaban las reliquias de Santiago. Para alentar a los peregrinos a detenerse en monasterios específicos, aprovechar la hospitalidad y hacer regalos sustanciales, los monasterios a lo largo de los caminos de peregrinación compitieron para ofrecer reliquias eficaces. Por ejemplo, los monjes de Conques ofrecieron las reliquias del mártir cristiano del siglo IV Sainte-Foy. En Toulouse, los peregrinos podían acercarse a las reliquias de san Saturnino (fallecido en el año 257 d. C.), uno de los primeros setenta y dos discípulos de Cristo en Francia. Este santo fue arrastrado en Toulouse por un toro después de negarse a honrar a los dioses paganos romanos. La abadía de Vézelay albergaba las reliquias de María Magdalena, que sin duda eran atractivas para los peregrinos piadosos. Estas reliquias eran tan importantes para los ingresos de los monasterios que los monjes de una institución asaltaban abadías y se llevaban importantes reliquias santas.

En la mitad oriental de habla griega del Imperio romano, la Iglesia cristiana se desarrolló a lo largo de líneas diferentes de la mitad occidental de habla latina. La fundación de Constantino de su «nueva Roma», Constantinopla (la actual Estambul), asentada sobre la antigua ciudad de Bizancio, preparó el escenario para la divergencia de la Iglesia cristiana. Con la excepción de su sobrino, el emperador Juliano el Apóstata (r. 361-363 d. C.), que rechazó el cristianismo y fomentó un renacimiento de la cultura griega helenística, los llamados emperadores bizantinos en Constantinopla administraron la Iglesia desde sus cortes, al igual que el papa en Roma. De particular importancia en la evolución de la Iglesia cristiana oriental fue el debate duradero sobre si las imágenes religiosas, particularmente las de Cristo, eran aceptables como complementos de la adoración. Algunos emperadores bizantinos, como León III (r. 717-741 d. C.), persuadidos por los eruditos teológicos de la corte, declararon que la veneración de las imágenes era idolatría. Finalmente, los defensores de las representaciones visuales de lo divino lograron superar a los iconoclastas. Como resultado, la decoración de las iglesias en el Este llegó a ser igual a la del Oeste. La controversia sobre las imágenes en las iglesias persistió más allá de los primeros años del protestantismo en Europa.

Las iglesias en el Imperio bizantino eran diferentes en forma física de las de Occidente. Se distinguían por cúpulas sostenidas por pesadas paredes elevadas y arcos de medio punto. Los grandes espacios interiores fueron decorados con mosaicos. Dentro de estas estructuras, el culto se llevaba a cabo de acuerdo con las formas determinadas por la época del año y las fiestas cristianas. Estas liturgias, o servicios eucarísticos de lo que se conoció como el rito bizantino, se desarrollaron en Oriente a partir de los escritos de Juan Crisóstomo y san Basilio el Grande, cuyas liturgias encuentran sus orígenes en las primeras adaptaciones cristianas de la liturgia judía.

Bajo los auspicios del emperador bizantino, los concilios de la Iglesia se llevaron a cabo primero en Oriente y después en Nicea en el año 325. Estos concilios tenían la intención de debatir sobre las creencias heterodoxas dentro de la Iglesia. Por ejemplo, el Segundo Concilio de Constantinopla del año 553 intentó acabar con la teología nestoriana, lo que, como hemos visto, resultó en la separación del culto persa nestoriano de que se practicaba en Bizancio y Europa. El papa en Roma se opuso a algunos de los acuerdos del Concilio. Esto llevó a una separación temporal, o cisma, entre el norte de Italia, que dependía del patriarca de Constantinopla y el papado en Roma.

La principal expansión de la Iglesia oriental fue el resultado del trabajo de dos santos: los hermanos Cirilo (c. 826-869) y Metodio (815-885). Según documentos históricos, Cirilo llevó a cabo su primera expedición misionera entre los jázaros en el año 860. Después de regresar a Constantinopla, Cirilo y Metodio se propusieron llevar el cristianismo tal como lo practicaba la Iglesia bizantina a Moravia (parte de la actual República Checa). Para facilitar su trabajo, inventaron una escritura conocida como cirílico, uno de los alfabetos eslavos más antiguos conocidos, para ayudar en sus traducciones de los evangelios y textos litúrgicos en eslavo. En Moravia, los misioneros fueron enviados por la corte carolingia franca. Estos eclesiásticos fueron defensores de la liturgia latina. Para evitar un conflicto con la autoridad moravia, que el arzobispo de Salzburgo creía que le pertenecía, el papa Nicolás I (papado 858-867 d. C.) convocó a Cirilo y Metodio en Roma. Se les permitió continuar usando su alfabeto eslavo. La decisión fue posteriormente anulada, y después de la muerte de Cirilo, Metodio fue encarcelado brevemente por obispos europeos que lo acusaron de comportamiento heterodoxo.

El trabajo de los santos Cirilo y Metodio, en particular la traducción de textos cristianos al eslavo, fue fundamental en la cristianización de la Rus de Kiev. Según los anales de la historia de la Rus de Kiev, como se registra en la *Crónica Primaria* o *Crónica de Néstor,* que data de alrededor del año 1113, el primer gobernante cristiano de la Rus de Kiev fue Vladimir el Grande (r. 980-1015 d. C.). Convirtió una gran franja de la región al norte del mar Negro en un reino cristiano que debía lealtad a la Iglesia en Constantinopla.

La expansión de la influencia de la Iglesia ortodoxa oriental en Constantinopla encendió una larga disputa entre Oriente y Occidente. Entre las cuestiones no resueltas estaba la relación entre el Espíritu Santo y Dios el padre y su hijo, Jesucristo. Las dos ramas de la Iglesia cristiana tampoco podían ponerse de acuerdo sobre si el pan con levadura o sin levadura debía usarse en la celebración de la eucaristía. Además de estas diferencias teológicas, el obispo de Roma (el papa) reclamó la jurisdicción universal, confirmando así la inferioridad de la autoridad del arzobispo o patriarca de Constantinopla. La disputa llegó a un punto crítico cuando el papa exigió que las iglesias en el sur de Italia se ajustaran a las prácticas de la Iglesia latina o fueran cerradas. En represalia, el patriarca de Constantinopla ordenó el cierre de todas las iglesias utilizando la liturgia latina en Constantinopla. Esto, a su vez, condujo a un cisma formal en el año 1054 entre la Iglesia griega en Oriente y la Iglesia latina en Occidente.

Junto con la expansión de la Iglesia ortodoxa oriental, hubo un creciente movimiento de piedad en Europa, que fue dirigido por san Bernardo de Claraval. Su nuevo establecimiento monástico se llenó con nuevos monjes. Para gestionar este aumento, se fundaron nuevos monasterios en Francia. El propio Bernardo escribió extensamente alentando la espiritualidad contemplativa en comunidades aisladas.

La Iglesia cristiana en el Este, particularmente en Tierra Santa, fue asediada por los turcos islámicos. Los adherentes a la nueva religión monoteísta del islam, que fue fundada por el profeta Muhammad (571-632 d. C.), estaban acosando a los peregrinos cristianos en Tierra Santa. El emperador de Bizancio, Alejo I Comneno (r.c. 1081-1118), pidió al papa ayuda militar para liberarlos de los musulmanes. El papa Urbano II (papado 1088-1099) respondió favorablemente, en parte motivado por el potencial de reunir a las iglesias orientales y occidentales bajo su propia autoridad. Urbano instó a los reyes, príncipes y caballeros de Europa a tomar la cruz y unirse a una cruzada para liberar a Tierra Santa del flagelo de los infieles o incrédulos. La primera cruzada (1096-1099) está marcada por la primera masacre europea de judíos. El motín mortal de los cruzados, que estaban ansiosos por luchar, tuvo lugar en Alemania mientras las tropas se reunían para su viaje hacia el Este. Hasta este momento, los judíos no convertidos eran más o menos considerados con negligencia benigna por los cristianos europeos. El estallido de antisemitismo previo a la cruzada por parte de soldados cristianos marcó el comienzo de siglos de prejuicios institucionalizados de la Iglesia cristiana contra los judíos en Europa.

Los guerreros en la primera cruzada tuvieron éxito en desalojar a los turcos islámicos de Jerusalén, después de lo cual establecieron el reino latino de Jerusalén bajo el liderazgo de un príncipe francés. Con el control cristiano vino la proliferación de la Iglesia cristiana en el Cercano Oriente y la confirmación de una jerarquía eclesiástica que debía lealtad a la Iglesia latina en Roma. Esta incursión del cristianismo latino en territorios anteriormente bajo los auspicios del patriarca de Constantinopla condujo a un conflicto, que se expresó en batallas menores entre cristianos bizantinos y cristianos occidentales.

El Cercano Oriente, el reino de Jerusalén, fundado en el año 1099, fue objeto de luchas internas por la sucesión a la corona y las incursiones de los turcos de Persia. Un peligro mayor para el reino de Jerusalén era el aumento del poder de las sectas islámicas regionales. Con el establecimiento de la autoridad cristiana sobre Jerusalén y las tierras circundantes de Tierra Santa, creció el número de peregrinos cristianos al Cercano Oriente. El viaje desde el puerto mediterráneo de Jaffa hasta los lugares en los que vivió Jesucristo estaba lleno de peligros para los peregrinos. Fueron atacados periódicamente por guerreros islámicos, por lo que se fundó una orden monástica para protegerlos. La Orden templaria estaba estacionada en Jerusalén. Con el tiempo, esta orden llegó a ser financiada por donaciones solicitadas por san Bernardo de Claraval. Rápidamente creció hasta convertirse en la orden monástica más rica, con casas no solo en Tierra Santa, sino también en toda Europa. En 1139, el papa Inocencio II (papado 1130-1143) eximió a la Orden templaria de los impuestos locales, lo que le permitió volverse aún más rica y una amenaza aún más seria para los líderes seculares cuyos ingresos dependían de los impuestos de los establecimientos eclesiásticos.

Los persas tomaron Edesa en la Alta Mesopotamia en 1144. Así, la segunda cruzada fue convocada por el papa Eugenio III (papado 1145-1153), quien contó con la ayuda de Bernardo de Claraval, el eclesiástico más influyente de Occidente, para predicar la causa. En la ciudad de Vézelay, Francia, Bernardo se dirigió a una multitud de fieles, que incluía al rey Luis VII de Francia (r. 1137-1180). El rey y un gran número de la nobleza francesa tomaron la cruz, al igual que la gente común. Bernardo luego fue a Alemania, donde logró convencer a Conrado III, rey del Sacro Imperio Romano Germánico (r. 1138-1152), y a sus nobles para que tomaran la cruz. Antes de abandonar Europa, los cruzados alemanes perpetraron otra masacre de judíos. A su llegada a Tierra Santa en 1148, los cruzados sufrieron una gran derrota a manos de los musulmanes. Cuando finalmente partieron del Levante en 1150, dejaron el reino de Jerusalén tan severamente debilitado que, en 1187, la ciudad misma cayó en las fuerzas islámicas. Esta pérdida precipitó el lanzamiento de la tercera cruzada en 1189, que fue dirigida por los líderes seculares más poderosos de la cristiandad occidental, los reyes de Francia e Inglaterra y el emperador del Sacro Imperio Romano Germánico. La tercera cruzada tuvo parcialmente éxito en la restauración de gran parte de la Tierra Santa al control cristiano, pero no logró desalojar a los musulmanes de Jerusalén. A partir de este momento, las cruzadas posteriores, que incluyen la cuarta (1202-1204), la quinta (1217-1221), la sexta (1228-1229), la séptima (1248-1254), no lograron establecer el dominio cristiano en el Cercano Oriente.

En Europa, durante el periodo de las cruzadas, la Iglesia estaba en una lucha constante para mantener la autoridad del papa y para asegurar que la fe permaneciera libre de ideas heterodoxas. El cristianismo herético, la forma practicada por los cátaros en el sur de Francia y los valdenses, era un problema constante para el establecimiento de la Iglesia. Los cátaros eran principalmente una secta francesa que creía en el principio de dos dioses. El dios bueno del Nuevo Testamento era contrarrestado por el dios malo del Antiguo Testamento. Este enfoque dualista era un anatema para la Iglesia católica, que sostenía la visión ortodoxa de que había un solo dios, el creador de todas las cosas. La religión de los cátaros se centraba en la ciudad francesa de Albi. Por lo tanto, eran conocidos como albigenses. Después de ser condenados como herejes por los concilios eclesiásticos, los cátaros fueron obligados a esconderse de los victoriosos caballeros y soldados de la genocida cruzada albigense en 1229. Lo mismo ocurrió con los valdenses, un movimiento protestante que comenzó en Lyon, Francia, a finales del siglo XII. Siguiendo el liderazgo de Pedro Waldo (c. 1140-c. 1205), los valdenses creyeron en la obtención de la pureza espiritual cristiana a través de la pobreza y la estricta adhesión a los preceptos cristianos como se establece en la Biblia. Los valdenses fueron declarados herejes en 1215, y fueron perseguidos y casi aniquilados antes de experimentar un renacimiento en la Reforma protestante en el siglo XVII.

Para asegurar que los culpables heréticos como los cátaros fueran identificados y obligados a retractarse de sus creencias, la Iglesia desarrolló un sistema de inquisición. En 1252, el papa autorizó el uso de la tortura por parte de los inquisidores en el trato con los herejes a través de una bula papal. Más tarde, a las órdenes recién formadas de frailes dominicos y franciscanos se les asignó el papel de administrar los procedimientos judiciales para manejar a los cristianos heréticos. La Inquisición alcanzó la cúspide de su actividad en España en el siglo XV. A lo largo de los dominios españoles, los tribunales de la Inquisición estaban ocupados forzando conversiones de musulmanes y judíos a la fe cristiana. El más temido de estos inquisidores fue Tomás de Torquemada (1420-1498), un fraile dominico que se convirtió en el primer gran inquisidor de España. Su nombre se ha convertido en sinónimo de la crueldad, la intolerancia religiosa y el fanatismo de la Inquisición española.

Las cruzadas pueden verse como una combinación de la obligación cristiana de la nobleza y los vasallos en Europa de combatir a los no creyentes y un deseo de ejercer un dominio secular a través de la fuerza. Uno de los resultados de las cruzadas en los reinos cristianos de Europa fue un aumento de la piedad y la difusión del mensaje de Cristo. Como resultado de esto, se fundaron varias nuevas órdenes de monjes cristianos. A menudo siguieron los pasos de Bernard Clairvaux y su expansión de la Orden cisterciense.

Por ejemplo, San Francisco de Asís fundó la Orden franciscana en 1209. Predicaba una vida austera, siguiendo la de Jesucristo. Desde sus humildes monasterios, los monjes salieron a sus comunidades para predicar la palabra de Dios a la gente común, primero en Italia y luego en toda la Europa cristiana. Una segunda orden fue fundada pronto por los franciscanos en 1212, llamada la Orden de Santa Clara. Esta era una orden contemplativa de monjas de clausura, y también se extendió rápidamente por toda Europa.

Santo Domingo (1170-1221), un monje español, fundó una orden de frailes mendicantes, o pobres, en 1216. Los dominicos se consideraban más puros en su estilo de vida que las órdenes contemporáneas que, a lo largo de los años, se habían convertido en ricos terratenientes y grandes participantes en el ejercicio del poder en el mundo secular.

Mientras que estas órdenes expandieron la obra misionera de la Iglesia, se estaban haciendo refinamientos en la teología cristiana en las universidades recién formadas. La educación, que era necesaria para el avance de la fe cristiana, se ofreció por primera vez en escuelas adjuntas a catedrales o principales fundaciones monásticas. Con el auge del monacato en Europa, se establecieron escuelas para educar a los hijos de los nobles locales. Una de las escuelas más reputadas surgió en la Catedral de Chartres en Francia. En los siglos XI y XII. Esta institución atrajo a una ilustre variedad de eruditos que contribuyeron con tratados teológicos, o estudios de filosofía natural. Este periodo estuvo marcado por el auge de la escolástica. Empleó el razonamiento dialéctico para resolver aparentes contradicciones teológicas. Esta forma de investigación fue adoptada en las universidades, que gradualmente llegaron a suplantar a las escuelas monásticas y catedralicias como centros para la educación en artes liberales. El plan de estudios se dividió en el *cuadrivium* (aritmética, geometría, música y astronomía) y el *trivium* (gramática, lógica y retórica). El propósito de este sistema educativo era permitir la propagación de la palabra de Dios y eventualmente servir a las necesidades de los individuos empleados en las burocracias seculares y eclesiásticas.

La fundación de universidades en Bolonia, París y Oxford en el siglo XII, así como en Palencia y Salamanca en España, Padua y Nápoles en Italia, y Toulouse y Orleans en Francia en la primera mitad del siglo XIII, evidencian la repentina aparición de la demanda de educación y el aumento de la erudición cristiana durante el periodo de las cruzadas. La Iglesia se benefició de muchos maestros y pensadores escolásticos que escribieron extensamente sobre asuntos teológicos, explorando los temas espinosos del cristianismo. Entre los más conocidos hoy en día se encuentra Santo Tomás de Aquino (1225-1274), un fraile dominico que estudió en la Universidad de París. Se convirtió en profesor en Colonia, París y Roma. Santo Tomás fue colega de un erudito dominico llamado Albertus Magnus (c. 1200-1280). La producción de Alberto en escritos escolásticos, aunque considerablemente menor que la de Aquino, ejemplifica la amplitud de la erudición en ese momento. Escribió sobre astronomía, música, moral y teorías de la justicia y la ley natural. Sin embargo, algunos de los escritos de los escolásticos no sintonizaban con la teología de la Iglesia ortodoxa. Las obras del fraile franciscano Guillermo de Ockham (1285-1347) fueron condenas como poco ortodoxas por un sínodo de obispos. Se le ordenó comparecer ante la corte papal en Aviñón en 1324, donde defendió su noción de que Jesús y los apóstoles no poseían propiedades y que los franciscanos tenían razón al seguir una regla que impedía la propiedad individual o comunitaria de la propiedad. Después de huir de Aviñón, Guillermo de Ockham fue excomulgado. El fraile escribió que el papa Juan XXII (papado 1316-1334) era un hereje por oponerse a la doctrina de la pobreza apostólica y, por lo tanto, a las reglas de san Francisco.

Aunque los eruditos de las escuelas monásticas y las nuevas universidades escribieron extensamente sobre temas teológicos utilizando el método escolástico, había otros medios para la comunicación de las verdades de la fe cristiana. En la Edad Media, la gente común, aquellos que trabajaban en los campos y servían a los pequeños pueblos de agricultores y sus familias, no participaron en los grandes eventos que ocurrían en la Iglesia cristiana. Eran analfabetos y llevaban vidas hoy consideraríamos miserables. Los campesinos solo iban a las cruzadas como sirvientes de sus señores o eran usados como soldados, portadores de lanzas y arqueros. No estaban particularmente impulsados por la fe, pero sí creían en las leyendas que los sacerdotes y frailes predicaban. Estos mitos no siempre estaban escritos en manuscritos, ya que eran de menor importancia para la Iglesia que la Biblia y los comentarios académicos sobre ella. Algunas de las historias relatadas a los campesinos fueron compiladas en el siglo XIII. Santiago de la Vorágine (c. 1230-c. 1299), el arzobispo dominico de Génova, habló de la vida de los santos, incluyendo los fabulosos cuentos de milagros, en su *Legenda Aurea* (*Leyenda Dorada*). Este fue el tipo de cuentos que inspiraron a los analfabetos para adherirse a las doctrinas cristianas de la moralidad. Esta obra fue rápidamente traducida a las lenguas vernáculas de Europa para que pudiera ser consultada por predicadores que buscaban material que atrajera a los campesinos. También debe tenerse en cuenta que fuera de los principales monasterios y ciudades catedralicias, los eclesiásticos en la Iglesia cristiana a menudo estaban marginalmente alfabetizados. Al estar fuera del ámbito de las autoridades eclesiásticas, eran propensos a caer en prácticas heréticas y contar historias que se derivaban más de cuentos populares seculares que de escrituras canónicas. Esto solo comenzó a cambiar en el siglo XV, cuando las ciudades se convirtieron en imanes para la población, permitiendo que un mayor número de fieles tuviera acceso a servicios de culto más sofisticados.

Debido al vasto alcance de la Iglesia cristiana, hubo constantes divergencias en varias regiones arzobispales de Francia, Inglaterra y el Sacro Imperio Romano Germánico en lo que respecta a la Iglesia latina; y en Rusia, Asia Menor y los Balcanes en lo que respecta a la Iglesia oriental. Algunas de estas disputas eran sobre teología, pero más a menudo, se centraban en quién debía controlar la Iglesia en las sociedades feudales, si un rey u otro noble como líder secular. La más profunda de estas diferencias políticas ocurrió en Francia, cuyo líder, el rey Felipe IV (r. 1285-1314), atacó agresivamente al papa en Roma. Su objetivo fue el papa Bonifacio VIII (papado 1294-1303), quien fue responsable de reorganizar el derecho canónico o eclesiástico. La imposición de impuestos por parte del rey Felipe al clero en su reino y su prohibición de participar en su administración fue condenada por Bonifacio, quien reclamó estos poderes sobre el clero. Después de que Felipe quemara públicamente una copia de la encíclica de Bonifacio reclamando la autoridad suprema, el papa excomulgó al rey francés. Entonces el rey envió a las fuerzas francesas a Italia para capturar al papa. Bonifacio estuvo tres días encarcelado por los franceses, y fue golpeado tan gravemente que murió poco después de su liberación. Felipe IV obligó entonces a los cardenales, que eran los electores del papa, a nombrar pontífice a un francés llamado Clemente V (papado 1305-1314). Clemente estableció su corte papal en Aviñón, que entonces era parte del Sacro Imperio Romano Germánico, colindante con el reino de Francia de Felipe IV al norte. El establecimiento de la corte papal fuera de Roma se conoció como el papado de Aviñón, así como el cautiverio babilónico, ya que la gente hizo comparaciones del papado con el cautiverio de los antiguos judíos en Babilonia. El papado de Aviñón duró hasta el reinado de siete papas franceses. En 1377, el papa Gregorio XI (papado 1370-1378) trasladó su corte de regreso a Roma.

Mientras que la escolástica continuó prosperando en las universidades europeas en el siglo XIV, surgió un modo divergente de entender el significado de los textos cristianos y la vida de Cristo. Esta era una forma más inmediata de comunicación espiritual con lo divino que no requería una lectura extensa de textos antiguos y tratados sofisticados sobre teología. Durante el papado de Aviñón, la Iglesia estaba en cierto desorden, ya que los líderes seculares y el papado se enfrentaron por la autoridad, y los franciscanos y los dominicos compitieron por el favor papal. Un dominico, Eckhart von Hochheim (c. 1260-c. 1328), conocido como Meister Eckhart, predicó en alemán vernáculo sobre la presencia de Dios en el alma individual y sobre el sufrimiento y el desapego. El enfoque místico de Eckhart fue llevado a cabo por un grupo de herederos espirituales llamados los Amigos de Dios. Estos dominicos y laicos practicaban la comunicación directa con lo divino a través de la oración y la contemplación.

La semilla de la piedad mística en Europa fue sembrada por Brígida de Suecia (c. 1303-1373). A partir de su juventud, tuvo visiones de la Pasión de Cristo que afectaron profundamente su creencia en la inmediatez de lo divino. Vivió una vida de extrema pobreza y se dedicó a las necesidades de los pobres. Para ampliar el impacto de su unión mística con Dios, fundó la orden del Santísimo Salvador para monjas y monjes.

La devastación causada por la peste negra entre 1346 y 1353, que mató alrededor de una cuarta parte de la población de Europa, tuvo un profundo efecto en la Iglesia cristiana. Algunos pensaron que la horrenda plaga presagiaba la segunda venida del Mesías. Grupos de flagelantes salieron a las calles de pueblos y ciudades, donde se azotaron públicamente con látigos. Al hacer esto, la gente emuló la tortura de Cristo con la esperanza de que a través de la automortificación pudieran lograr el perdón por sus pecados y ser llevados rápidamente al cielo si sucumbían a la plaga. Para el papa, la noción de que los flagelantes podían, en cierto sentido, absolver sus propios pecados era herética, ya que esta era la única prerrogativa de los sacerdotes ordenados. En 1372, el papa Gregorio XI (papado 1370-1378) ordenó a su corte eclesiástica de inquisidores acabar con este movimiento. La peste negra, que todavía era temida después de su fin, inspiró a una mujer inglesa afectada por una enfermedad. La mujer tenía visiones de la Pasión de Cristo en su lecho de muerte. Estas conexiones místicas con lo divino fueron registradas por Juliano de Norwich (1343-1416) en lo que iba a ser el primer libro escrito por una mujer inglesa, *Revelaciones del amor divino.* Mientras que la influencia de Juliano en el desarrollo de la Iglesia cristiana fue limitada en la Edad Media, la de la mística Catalina de Siena (1347-1380) en Italia fue más amplia. A la edad de veintiún años, Catalina experimentó un matrimonio místico con Cristo. Viajó por el norte de Italia, predicando el mensaje de reformar el clero. También dijo que las personas podían arrepentirse sumergiéndose en el amor total de Dios. En Pisa, Catalina predicó la obediencia al papa y promovió el lanzamiento de una nueva cruzada. Fue allí, mientras estaba en un trance místico, cuando recibió los estigmas (las heridas de Cristo en la crucifixión), que solo ella misma podía ver. Catalina también se involucró en los asuntos de la Iglesia apoyando el movimiento de la corte papal de Aviñón de regreso a Roma.

El surgimiento de formas místicas del cristianismo en la Baja Edad Media es un fenómeno que ha intrigado a los estudiosos en el mundo moderno, ya que hoy en día, la teología feminista ha comenzado a tener un impacto. Una explicación de las visiones de las místicas femeninas es que eran santas anoréxicas. Ya sea que su forma de comunicación con Cristo y Dios haya sido provocada por condiciones neurológicas o no, está claro que el cristianismo místico alcanzó un nivel sin precedentes en los años alrededor de la peste negra.

Cuando se le pidió que eligiera un nuevo pontífice en 1378, el Colegio de Cardenales apuntó al papa Urbano VI, quien recibió el apoyo de Catalina de Siena. Sin embargo, debido a la naturaleza pendenciera de Urbano, los cardenales anularon su elección y eligieron a Roberto de Ginebra como papa Clemente VII (papado 1378-1394). Clemente fue a Aviñón, donde él y sus sucesores reinaron hasta el final del cisma papal en el Concilio de Constanza (1414-1418).

Al Concilio de Constanza, convocado por Segismundo, rey de los romanos y Hungría (emperador del Sacro Imperio Romano Germánico 1433-1437), asistieron una treintena de cardenales y un gran número de eruditos eclesiásticos de la ley, abades y obispos. La primera orden del día fue resolver el problema de los tres papas contendientes e instalar un solo papa nuevo, Martín V (papado 1417-1431). El segundo desafío a la autoridad de la Iglesia que se trató en Constanza fueron los movimientos heréticos inspirados por el teólogo checo Jan Hus (c. 1372-1415) y el teólogo inglés y profesor de la Universidad de Oxford John Wycliffe (c. 1320-1384). Hus había argumentado que la Iglesia había caído en el error, si no en la corrupción absoluta, al vender indulgencias (remisión anticipada del castigo en el purgatorio por los pecados). Hus fue excomulgado y convocado al Concilio de Constanza, donde fue encarcelado. Después de negarse a retractarse de su posición, Hus fue quemado en la hoguera. Los seguidores de Hus, llamados husitas, en Bohemia y Moravia se negaron a inclinarse ante la autoridad de la Iglesia.

La situación con la hereje de John Wycliffe en Inglaterra fue aún más difícil. Hizo traducir la Biblia al inglés vernáculo para que su mensaje pudiera ser entendido por la gente común. Wycliffe y sus seguidores cuestionaron varios de los principios de la fe ortodoxa. Algunas de sus objeciones entraban en conflicto con la Iglesia, como las creencias poco ortodoxas sobre la separación del poder secular y religioso, la predestinación, la veneración de los santos y la legitimidad misma de la institución del papado. Wycliffe fue condenado primero por la noción de que la Iglesia había caído en el pecado del lujo y que debía despojarse de todas sus propiedades. Wycliffe creía que el clero debía vivir una vida de pobreza. El papa Gregorio XI (papado 1370-1378) había publicado una bula condenando las ideas de Wycliffe. Como movimiento preventivo, Wycliffe publicó un texto en el que argumentaba que el excomulgado podía apelar el cargo ante el rey y la corte real. Wycliffe escapó de ser tildado de hereje y pasó los últimos años de su vida escribiendo un texto rechazando la transubstanciación, la creencia de que el pan y el vino de la eucaristía se transformaban en el cuerpo y la sangre de Cristo. Wycliffe fue castigado *post mortem* en el Concilio de Constanza, donde sus escritos fueron prohibidos. Wycliffe también fue excomulgado *de facto* retroactivamente.

Desde mediados del siglo XII en adelante, la manifestación física de la Iglesia cristiana se hizo cada vez más elaborada. Los monasterios, catedrales y parroquias se construyeron progresivamente más ligeras y con más luz. Había un deseo entre los arquitectos de que sus estructuras fueran cada vez más altas. Este era el estilo gótico, caracterizado por arcos apuntados, paredes más delgadas y grandes ventanales con vidrieras. A partir de mediados del siglo XII, primero en Francia y luego en otras partes de Europa, los constructores y albañiles desarrollaron medios refinados de ingeniería que permitieron estructuras eclesiásticas más impresionantes. Alrededor de sus iglesias, surgieron pueblos. Incluso hoy en día, la iglesia es la punto central del núcleo urbano.

Antes del surgimiento de las ciudades, la riqueza de Europa se concentraba en las iglesias. Si bien la nobleza ocupaba estructuras impresionantes, como casas solariegas y castillos, en su mayor parte, no eran ostentosos en su patrocinio de artistas que trabajaban en entornos domésticos. La mayor parte del arte sobreviviente de la Edad Media estaba destinado a ser utilizado en lugares de culto o fue creado para confirmar la relación de un noble con la iglesia. En las artes visuales, como esculturas, pinturas murales, iluminaciones de manuscritos y, finalmente, pinturas de altar en madera, las formas pesadas y a menudo poco realistas de los humanos del periodo románico fueron suplantadas por figuras cada vez más realistas y elegantes, así como por animales y vegetación naturalistas. Los artistas y arquitectos cristianos miraron hacia el mundo en busca de inspiración y reflejos de la naturaleza divina.

Capítulo 6 – La Reforma y la Contrarreforma

En el siglo XVI, la Iglesia latina bajo los auspicios del papa en Roma fue objeto de críticas por sus reclamos de autoridad secular, abusos entre el clero, discrepancias teológicas y errores en la comprensión de las Sagradas Escrituras. Esto se debió en parte al creciente número de personas alfabetizadas entre la población secular y al aumento de la riqueza y el comercio llevado a cabo en los centros urbanos. Poco a poco, Europa se convirtió cada vez menos en una sociedad agraria donde la gente vivía aislada y cada vez más en una sociedad de comerciantes y comerciantes urbanos. No ocurrió lo mismo en Oriente, donde la influencia de la Iglesia cristiana continuó expandiéndose con pocas interrupciones causadas por cristianos disidentes.

Los movimientos protestantes iniciados por John Hus en Bohemia y Moravia y John Wycliffe en Inglaterra son solo dos ejemplos de grupos disidentes que surgieron en Europa a finales de la Edad Media. Fundamental para el surgimiento de los movimientos de la Reforma de la Iglesia en todo el continente fue la creciente capacidad de acceso a la Biblia. La palabra de la fe cristiana, que anteriormente estaba disponible solo para aquellos que podían pagar copias manuscritas hechas a mano, de repente se dispersó ampliamente a través de Biblias impresas que fueron publicadas por primera vez por Johannes Gutenberg (c. 1400-1468) en 1455. El texto pronto fue traducido a los idiomas de varios grupos nacionales en Europa. La primera traducción impresa de la Biblia en francés vernáculo fue publicada por una imprenta en Amberes en 1530. Una Biblia completa en alemán fue publicada en 1534. Esta versión incluía un Nuevo Testamento en alemán traducido por Martín Lutero (1483-1546) que había sido publicado en 1522. En Inglaterra, William Tyndale (c. 1494-1536) y otros produjeron una nueva traducción de la Biblia en 1535 utilizando textos griegos y hebreos, el Nuevo Testamento de Lutero y una nueva edición latina del Nuevo Testamento por Desiderio Erasmo (1469-1536). Erasmo fue un sacerdote escolástico holandés que, a través de sus escritos, se convertiría en un gigante del humanismo renacentista. El auge del humanismo tuvo un impacto revolucionario en la teología de la Iglesia cristiana. Destacó el valor de los seres humanos, la libertad de la humanidad y el progreso en la sociedad. En esencia, el enfoque humanista de la teología y la filosofía disminuyó el poder incuestionable de lo divino para ordenar todos los aspectos de la vida humana.

Martín Lutero, un sacerdote con experiencia en vivir una vida monástica, se convirtió en profesor de teología en la Universidad de Wittenberg en Alemania. Cuando un monje dominico fue encargado de vender indulgencias para financiar la reconstrucción de San Pedro en Roma, Lutero criticó la venta de indulgencias y la riqueza de la Iglesia latina. Sus argumentos fueron clavados en la puerta de una iglesia en Wittenberg el 31 de octubre de 1517 y exhibidos públicamente. Estas declaraciones sobre la Iglesia con respecto a su organización y varios aspectos de la teología inmediatamente llamaron la atención de los eclesiásticos locales. Además estos comentarios heréticos se distribuyeron en toda Alemania y en el extranjero. El papa León X (papado 1513-1521) envió emisarios para examinar a Martín Lutero y convencerlo de que alineara su pensamiento con la fe ortodoxa. Esto fracasó, y Lutero fue excomulgado en 1521 por su cuestionamiento de la autoridad papal. En el mismo año, Lutero fue llevado ante un tribunal secular, la Dieta (o Parlamento) de Worms, donde se negó a retractarse de sus escritos. Después de la reunión de la Dieta, el emperador del Sacro Imperio Romano Germánico publicó un edicto que proscribía a Lutero y prohibía sus escritos. Lutero fue encarcelado poco después. Mientras estuvo encarcelado, continuó escribiendo textos, objetando las nociones de la eucaristía, la confesión y los votos monásticos, así como otros temas. Algunos de sus seguidores más radicales, conocidos como los profetas de Zwickau, instigaron una insurrección. Esta fue una revuelta del campesinado contra la clase alta basada en la noción herética de que había igualdad entre los hombres y que el regreso de Cristo a la Tierra era inminente. Después de que Martín Lutero fue liberado de la prisión, predicó y escribió con vehemencia contra la guerra de los campesinos alemanes, diciendo que los insurgentes deberían aceptar la autoridad secular y que su violencia era obra del diablo, aunque estaba de acuerdo con algunas de sus quejas. Con la derrota de los campesinos en 1525, Lutero se dispuso a establecer una nueva Iglesia bajo autoridad temporal. Escribió una misa alemana, publicada en 1526, que tenía la intención de satisfacer a la gente común dándoles acceso a lo que era oscuro para ellos en la misa latina. Aunque la eucaristía siguió siendo el foco de la liturgia de Lutero, permitió la ausencia de otros símbolos de autoridad eclesiástica y agregó el canto de himnos por parte de los feligreses en alemán y la recitación comunitaria del Credo de Nicea al servicio. En una reunión de la Dieta del Sacro Imperio Romano Germánico en Speyer en 1529, los seguidores de Lutero protestaron contra las autoridades católicas que estaban presentes, temiendo que si los eclesiásticos prevalecían, significaría el fin de cualquier reforma futura. Por lo tanto, el movimiento para la nueva Iglesia se conoció como protestantismo.

Los cambios de Lutero fueron insuficientes para el teólogo suizo Huldrych Zwingli (1484-1531). Por eso creó una nueva liturgia de comunión y criticó el uso de imágenes en las iglesias, que, a lo largo de los años, habían acumulado verdaderos museos de arte religioso. Aunque se reunió con Martín Lutero, los dos no pudieron resolver sus diferencias. Entre los seguidores de las reformas de Zwinglio había un grupo de radicales que se oponían a la sumisión de Zwinglio al Concilio secular de Zúrich, con particular referencia al bautismo de niños. Las ideas de los anabautistas florecieron y se extendieron a los cantones vecinos de Suiza y luego al extranjero en Alemania y los Países Bajos, donde su causa fue asumida por el sacerdote católico Menno Simons (1496-1561). Menno rechazó formalmente la Iglesia católica y el sacerdocio en 1536. Sus seguidores, que se llamaban a sí mismos menonitas, pronto llegaron a ser una fuerza a tener en cuenta en la Reforma protestante. Anteriormente, un predicador francés, Juan Calvino (1509-1564), había roto con la Iglesia católica y huido de la persecución por sus ideas sobre la predestinación (la idea de que todos los eventos en este mundo han sido ordenados por Dios) y la soberanía absoluta de Dios obrando a través del Espíritu Santo en la salvación del hombre.

La teología de Calvino fue, en parte, adoptada por otra congregación reformada en Ginebra. Estos exiliados de Inglaterra eran refugiados religiosos que huyeron de la persecución bajo la reina católica María I (r. 1553-1558). Estos protestantes estaban comprometidos con la Iglesia cristiana separatista fundada en Inglaterra por Enrique VIII (r. 1509-1547). Enrique había establecido lo que se conoció como la Iglesia de Inglaterra en oposición a la autoridad papal. La disputa que precipitó este cisma fue la negativa del papa a anular uno de los matrimonios de Enrique VIII. La asunción de Enrique del liderazgo de la Iglesia cristiana en Inglaterra implicó su expulsión de todos aquellos eclesiásticos que juraron lealtad al papa, la disolución de los monasterios y el derecho de la corona a nombrar funcionarios eclesiásticos.

Entre los nombramientos de Enrique VIII para el cargo en la Iglesia anglicana estaba Thomas Cranmer (1489-1556), quien sirvió como arzobispo de Canterbury de 1533 a 1555. Con el fin de regularizar la Iglesia anglicana, escribió los *Diez Artículos,* en los que el bautismo, la eucaristía y la penitencia eran reconocidos como sacramentos. A través de este documento, Cranmer intentó reconciliar a las facciones protestantes y conservadoras radicales entre los reformadores de la iglesia. En su *Libro de Oración Común* (1549), intentó crear una forma estándar de servicio religioso, incorporando ideas promulgadas por los diversos partidos de reformistas. Para una facción, sin embargo, las reformas no fueron lo suficientemente lejos.

La Iglesia de Inglaterra creció rápidamente en los años posteriores a la muerte de Enrique, con la excepción de un periodo bajo la reina María I, quien restauró brevemente la Iglesia católica romana antes de que su media hermana, Isabel I, restableciera el protestantismo anglicano como la religión estatal. Durante el reinado de la católica María, un teólogo protestante escocés, John Knox (c. 1514-1572), se vio obligado a exiliarse. En Ginebra, conoció a Juan Calvino y estudió los escritos del teólogo de la Reforma. A partir de su estudio del protestantismo continental, Knox desarrolló su propia versión de una liturgia reformada. Al regresar a Escocia, John Knox lideró a los nobles protestantes escoceses en la creación de un culto presbiteriano que no estaba dirigido por un rey o cualquier jefe de estado, sino por un grupo de ancianos.

En 1553, durante el reinado de la reina María, Thomas Cranmer y otros protestantes prominentes fueron recogidos y acusados de traición. El propio Cranmer escapó de la ejecución inmediata y fue encarcelado el tiempo suficiente para hacer varias retractaciones de sus escritos heréticos, en particular, aceptando someterse a la autoridad de la reina y reconociendo al papa como la cabeza de la Iglesia. A pesar de la regla del Derecho canónico católico de que aquellos que se retractaban de la herejía no debían ser ejecutados, fue quemado en la hoguera en 1556.

Los conflictos entre los reyes que simpatizaban con el protestantismo y los que simpatizaban con el papado no eran, en muchos casos, atribuibles a diferencias teológicas abstrusas. Por ejemplo, el emperador del Sacro Imperio Romano Germánico Carlos V (r. 1519-1556) fue sospechoso de planear secretamente usurpar el poder sobre la Iglesia católica en Italia deponiendo al papa Clemente VII e instituyendo el liderazgo secular. El papa se alió con el rey Francisco I de Francia (r. 1515-1547), de quien obtuvo apoyo militar. Las tropas alemanas del emperador del Sacro Imperio Romano Germánico y sus aliados españoles derrotaron al ejército francés en Italia. Con los fondos agotándose, las tropas alemanas y españolas se vieron obligadas a renunciar al pago por su servicio. En 1527, los alemanes se amotinaron, luego marcharon a Roma, donde rompieron las murallas de la ciudad e invadieron la Guardia suiza en el Vaticano. Este saqueo de Roma tenía la intención de proporcionar a los soldados el botín que tanto necesitaban. El propio papa escapó al Castillo de Sant'Angelo mientras los soldados invasores arrasaron la capital, robando lo que pudieron de iglesias, monasterios, palacios y santuarios. Asesinaron a entre 6.000 y 12.000 ciudadanos. Muchos de los soldados amotinados eran seguidores de Lutero, quien no apoyó una guerra abierta contra el papado.

Cuando Clemente VII compró su libertad pagando una buena cantidad de rescate, la Iglesia católica, con su dependencia de la corte papal en Roma, fue sacudida hasta sus cimientos. La población de Roma se redujo precipitadamente a medida que la influencia del Vaticano disminuyó. El emperador Carlos V llegó a tener una influencia considerable sobre los asuntos de la Iglesia, aunque no afirmó que él era la cabeza de la Iglesia cristiana como había hecho anteriormente Enrique VIII. Sin embargo, Carlos V rechazó la solicitud del papa de participar en una guerra santa para unificar la Europa cristiana y dejó papa solo ante el problema. Clemente VII, temiendo consecuencias políticas en una Europa con reyes seculares en guerra y facciones religiosas contendientes, no convocó un concilio para unificar a los católicos en la lucha contra las crecientes rebeliones protestantes.

La inestabilidad de la Iglesia católica dura te la primera mitad del siglo XVI fomentó el crecimiento del protestantismo en Inglaterra y Escocia. En el continente, el número de anabautistas, luteranos y calvinistas creció exponencialmente. La amenaza al dominio de la Iglesia católica era evidente. Un concilio compuesto por miembros de la jerarquía de la Iglesia católica fue convocado en Trento en el norte de Italia (1545-1563). Su propósito era condenar formalmente las diversas herejías propagadas por las sectas de la fe protestante. Al hacerlo, era necesario que la Iglesia aclarara sus doctrinas estableciendo el canon aceptado de los textos bíblicos y definiendo el pecado original, la salvación, la eucaristía y la veneración de los santos. Todos estos habían sido cuestionados de una forma u otra por los teólogos protestantes. La organización de un concilio eclesiástico convocado y presidido por el papado había sido rechazada por Martín Lutero. Aceptó solo la autoridad del estado secular en la moderación de las discusiones de asuntos en la Iglesia.

Después de una serie de esfuerzos fallidos para convocar un concilio que habría incluido prelados de toda Europa y prominentes disidentes protestantes, el Concilio de Trento se organizó para celebrarse en una ciudad controlada por un príncipe-obispo bajo el emperador del Sacro Imperio Romano Germánico. El papado estuvo representado por legados. No asistieron papas. Durante la segunda serie de reuniones, de 1551 a 1552, los protestantes fueron invitados a unirse al encuentro. Los luteranos, a quienes se les negó el voto, solicitaron una discusión de los puntos de desacuerdo y exigieron que los obispos fueran liberados de sus juramentos de lealtad al papa. Esto fracasó, y cualquier noción de cooperación o reconciliación entre protestantes y católicos desapareció. Los funcionarios de la Iglesia encargados de examinar la fe católica no hicieron ningún cambio en el sistema de venta de indulgencias y la veneración de santos y reliquias. Entre los decretos del Concilio estaba que la Biblia de la Vulgata (traducción latina de finales del siglo IV) fuera confirmada como el único texto autorizado de las Sagradas Escrituras. Esto iba en contra de aquellos que sostenían que las traducciones de la Biblia a las lenguas vernáculas de Europa eran esenciales para hacer que la palabra de Dios estuviera disponible para todos. En el Concilio de Trento se reafirmó la importancia de los siete sacramentos. Los jesuitas fueron la fuerza principal en la tercera entrega del Concilio de Trento, que se celebró entre 1562 y 1563. Las reformas del Concilio de Trento fueron ratificadas por el papa Pío IV (papado 1559-1569) y se dieron a conocer a todos los católicos en una bula papal. Aquellos que la contravenían fueron objeto de excomunión. El Breviario, el Misal y la Biblia de la Vulgata fueron aprobados como documentos oficiales de la Iglesia. Y se estableció el Índice de libros prohibidos.

Mientras el Concilio de Trento trataba de fortalecer la Iglesia católica en oposición al creciente número de creyentes protestantes, hubo guerras prolongadas en Francia entre los católicos y los hugonotes protestantes, que eran calvinistas. Los pretendientes a la sucesión del trono real se enfrentaron como adherentes de las dos sectas cristianas. Los problemas comenzaron durante el reinado de Francisco I (r. 1515-1547). Los teólogos humanistas católicos adoptaron un método riguroso para entender las Escrituras en sus idiomas originales. La fe católica se propagó a través de libros impresos publicados por el floreciente negocio del libro, al igual que la fe protestante, cuya postura anticlerical se extendió con las publicaciones de textos luteranos y calvinistas. El sucesor de Francisco, Enrique II (r. 1547-1559), vio un aumento en la persecución de los protestantes. Se prohibió que celebraran su culto en público por edicto real. En 1562, la animosidad con los hugonotes, que contaban con el apoyo de una buena parte de la nobleza francesa, llegó a su punto álgido. Los protestantes asumieron por la fuerza el control de las principales ciudades de Francia, estableciendo zonas de protección para sus semejantes. Las acusaciones de hostilidades en ambos lados volaron de un lado a otro hasta que turbas antiprotestantes atacaron París en 1572, iniciando una masacre que duró cinco días. La violencia se extendió por toda Francia, donde se estima que hasta 10.000 hombres, mujeres y niños hugonotes fueron asesinados. Las guerras entre los hugonotes y los católicos continuaron hasta el final del siglo XVI cuando, en 1598, el rey Enrique IV (r. 1589-1610) emitió el Edicto de Nantes, una especie de tregua entre las facciones beligerantes del cristianismo en Francia.

Entre los más activos en contribuir al renacimiento de la fe católica en el momento del Concilio de Trento estaban los miembros de la Compañía de Jesús, también conocidos como jesuitas. Fundada por Ignacio de Loyola (1491-1556) y un grupo de amigos de ideas afines en 1540, la Orden jesuita se dedicó a la propagación del evangelio a través del trabajo misionero evangélico y la educación en colegios, seminarios y escuelas fundadas por la orden. Los jesuitas hicieron todo esto «para la mayor gloria de Dios». En la constitución de la orden, se dejó claro que los jesuitas debían practicar la abnegación absoluta y someterse a la autoridad del papa y la jerarquía de la Iglesia.

Fue principalmente a través del trabajo de los jesuitas gracias a lo que la fe católica se extendió por todo el mundo recién descubierto más allá de Europa. Uno de los compañeros españoles de Ignacio en la fundación de la Orden jesuita, Francisco Javier (1506-1552), se convirtió en el primero de los misioneros jesuitas. El rey Juan de Portugal (r. 1521-1557) le pidió que fortaleciera el cristianismo en los nuevos territorios portugueses en la India y Francisco viajó primero a la colonia portuguesa en Mozambique y luego navegó a Goa. En Goa, el sacerdote jesuita se dedicó a proporcionar educación a los niños portugueses, estableciendo un colegio para actuar como seminario para la instrucción de nuevos sacerdotes. Francisco abrió muchas iglesias y trabajó para atraer a los cristianos descontentos. Francisco, siempre un misionero inquieto, viajó a Japón en 1549, donde, debido a las dificultades lingüísticas y la oposición local a la obra misionera, no logró ganar muchos conversos. De vuelta en Goa, Francisco organizó una pequeña delegación a China. Sin embargo, murió a punto de entrar en China en 1552. Aproximadamente un cuarto de siglo más tarde, los jesuitas se establecieron en la colonia portuguesa de Macao. Si la obra misionera iba a continuar en China, era necesario que los jesuitas hablaran chino. La formación de jóvenes misioneros se llevó a cabo en el recién fundado colegio jesuita Saint Paul en Macao. A pesar de los cambios en la dinastía imperial china, que instituyó el cierre oficial del país a los cristianos, los jesuitas hicieron incursiones entre los chinos, y a mediados del siglo XVII, hubo algunos viajes de jesuitas chinos a Europa.

Muy distinta de las misiones chinas, donde el objetivo era convertir a taoístas y budistas educados, la actividad jesuita en las Américas estaba relacionada con la pacificación de los pueblos indígenas que habían recibido la llegada de una oleada de avariciosos comerciantes y saqueadores europeos.

Los jesuitas llegaron al Perú en 1571 y trabajaron de la mano con los explotadores españoles de las minas de plata de Potosí en la conversión de los indígenas para que fueran esclavos pacíficos. Después de que Hernán Cortés (1485-1547) arrasó el centro de México entre 1519 y 1521, con sacerdotes españoles en su tren para educar a su sanguinario grupo de conquistadores, la colonia fue rápidamente ocupada por misioneros cristianos. El franciscano Diego de Landa Calderón (1524-1579), quien se convirtió en arzobispo de Yucatán, hizo todo lo posible para librar a su parte de la colonia de religiones indígenas. Creó una inquisición y obligó a quemar 27 libros mayas y 5.000 imágenes de culto maya. También encarceló y torturó a muchos dignatarios mayas. Landa allanó el camino para los misioneros jesuitas en América Latina.

En México, después de 1572, los jesuitas se establecieron rápidamente. Convirtieron a los pueblos indígenas, construyeron iglesias y crearon escuelas y comunidades cristianas. En América del Norte, los jesuitas llegaron pisando los talones a los exploradores y colonos franceses. La primera misión jesuita se estableció en la bahía de Penobscot en 1609, y a partir de entonces, más y más jesuitas llegaron para predicar el evangelio a los nativos norteamericanos. Se abrió un seminario cerca de la ciudad de Quebec para enseñar a los pueblos indígenas el idioma francés y los preceptos del cristianismo. Estos eruditos nativos salían al interior y ayudaban a los jesuitas en sus misiones remotas. Las comunidades posteriores estuvieron se centraron en lograr el asentamiento de los pueblos indígenas.

El trabajo de los jesuitas de convertir a los nativos de las tierras de Asia y América se detuvo abruptamente cuando las naciones europeas expulsaron a los jesuitas de sus dominios. Los primeros en hacerlo fueron los portugueses. En la corte real portuguesa en 1759, surgió una disputa sobre la soberanía colonial en América del Sur. Dado que los jesuitas tenían un interés tan ávido en sus misiones en el hemisferio occidental, no aceptaron la interferencia en sus objetivos. Fueron acusados de interferir en asuntos políticos y seculares. Como resultado, los jesuitas en las áreas controladas por los portugueses de América del Sur fueron deportados. El supuesto cabecilla de la malversación jesuita en Brasil, Gabriel Malagrida (1689-1761), fue encarcelado en Portugal. Fue acusado de alta traición y ejecutado después de su comparecencia ante la Inquisición por sus escritos heréticos. En Francia, los jesuitas se toparon con los jansenistas reformistas, quienes alegaron en el Parlamento francés que eran inmorales y habían caído en un error teológico. La constitución de la Compañía de Jesús fue revocada en 1764. En Nueva Francia, con la derrota de los franceses por los británicos en 1759, las misiones jesuitas disminuyeron gradualmente. Cuando los españoles reorganizaron su imperio, reprimieron a los jesuitas, que pudieron o no haber interferido en el gobierno del rey. Fueron expulsados por primera vez de España por un edicto real en 1767. Aquellos jesuitas que no rechazaron su pertenencia a la orden fueron enviados a Italia. En México, los jesuitas fueron retirados de sus dieciséis misiones. Las propiedades de los jesuitas, que eran ricas haciendas en las que los pueblos indígenas debían ser «civilizados» y cristianizados, fueron subastadas. Y en algunas partes de México, las estaciones jesuitas fueron repobladas con frailes franciscanos. En 1773, el papa Clemente XIV (papado 1769-1774) formalizó la disolución de la Orden jesuita.

En Inglaterra, la trayectoria de la evolución de la fe cristiana estaba lejos de ser consistente. La disolución de la Iglesia católica por Enrique VIII, la distribución de sus propiedades entre los miembros de su facción leal y el largo reinado de Isabel I permitieron el firme establecimiento de la Iglesia anglicana protestante como una institución estatal. Sin embargo, fue solo poco después de la conversión de la nación al anglicanismo cuando el protestantismo se fracturó. Una gran parte de los protestantes fieles tendían hacia el tipo de pietismo y gobierno de la Iglesia practicado en la Escocia presbiteriana. Estos puritanos depositaron sus esperanzas en la ascensión de Jacobo VI de Escocia (que gobernó Inglaterra de 1603 a 1625 como Jacobo I) para librar a la Iglesia anglicana de lo que llamaron prácticas papistas. Esto incluía el uso de la señal de la cruz en el bautismo y la reverencia cuando se pronunciaba el nombre de Jesús. Abogaron por el estricto cumplimiento de las reglas que marcan el sábado y la reducción de la música en los servicios de las iglesias. El rey Jacobo I convocó una conferencia donde se afirmó que el gobierno de la Iglesia anglicana se regiría por una jerarquía, no por el sistema presbiteriano de gobierno. La más duradera de las reformas de Santiago I fue la nueva traducción de la Biblia que encargó a un comité de teólogos y funcionarios. La última palabra en el texto de la nueva Biblia permaneció en manos del propio Santiago I. Esta versión se convirtió en el texto aceptado de la Biblia durante siglos entre los protestantes de habla inglesa.

La ascensión de Carlos I al trono de Inglaterra en 1625 aumentó la tensión entre la Iglesia anglicana oficial y el Parlamento, que estaba dominado por los puritanos. Bajo los auspicios del rey, los eclesiásticos anglicanos conservadores lograron que se ordenara que los servicios de la Iglesia fueran más formales con énfasis en los sacramentos y la ceremonia. En otras palabras, debía ser más católico. Esto levantó la ira de aquellos que abogaban por la simplicidad en la adoración. La imposición de un nuevo libro de oraciones anglicano en Escocia, que era un semillero de presbiterianismo, condujo a revueltas que Carlos I intentó sofocar sin éxito con sus militares. Cuando el rey convocó un nuevo Parlamento en Londres, los propios miembros se rebelaron y encarcelaron al arzobispo de Canterbury, a quien acusaron de infectar al Estado con una «religión pop». Una guerra civil estalló entre las fuerzas del Parlamento, que estaba bajo el liderazgo de Oliver Cromwell. Carlos I fue ejecutado, y los puritanos bajo el control de Cromwell asumieron el liderazgo nacional. En la última fase de la guerra civil inglesa, Cromwell invadió Irlanda y masacró a un gran número de católicos en Drogheda en 1649. Cromwell, que había hecho todo lo posible para purificar la religión en Inglaterra con el saqueo y la destrucción de cualquier imagen antigua restante en las iglesias inglesas, estableció una regla con cierta tolerancia religiosa para los disidentes protestantes. Se permitió la existencia de sectas menores. Entre ellos estaban los niveladores, que impulsaron una sociedad más igualitaria; los cavadores, que abogaban por la propiedad comunal de la tierra; y los radicales o *ranters*, que se oponían a la mayoría de las doctrinas cristianas tradicionales. El número de congregaciones bautistas creció durante este tiempo. Particularmente atractiva para la gente común era la creencia en el bautismo adulto. Bajo Cromwell, los católicos fueron perseguidos, pero a los judíos que habían sido expulsados de Inglaterra en 1290 se les permitió reasentarse. El gobierno de Cromwell finalmente se desmoronó, y la monarquía fue restaurada bajo Carlos II (r. 1660-1685).

El ritmo de la reforma en Inglaterra no fue lo suficientemente rápido para algunos de los puritanos. Durante el reinado de Jacobo I, algunos huyeron a los Países Bajos y luego navegaron a América del Norte en 1620, donde fundaron una colonia. El nivel de emigración aumentaba con cada edicto real que promovía los altos servicios religiosos anglicanos y la adhesión a la jerarquía eclesiástica. La colonia de puritanos, que se establecieron alrededor de la bahía de Massachusetts, se hizo oficial cuando se otorgó una carta real a John Winthrop en 1629. Se dice que mientras estaba a bordo del barco que cruzaba el Atlántico, Winthrop dijo: «Seremos como una ciudad sobre una colina, y los ojos de todas las personas están sobre nosotros». Esto se ha convertido en un cliché para la comprensión estadounidense de la fundación de los Estados Unidos y la posición de la nación en el mundo, incluso hoy en día. Los nuevos puritanos creían en un pacto entre Dios y el hombre. Se esperaba que aquellos que se adherían a la fe experimentaran una expresión mística de conversión. La llamada libertad de religión que los puritanos buscaban en América se convirtió en intolerancia hacia todos los no creyentes. Esto fue ejemplificado en los juicios de brujas de Salem a finales del siglo XVII.

En el periodo de la Reforma y la Contrarreforma, la arquitectura y el mobiliario de las iglesias europeas experimentaron un cambio importante. Cuando las nuevas denominaciones protestantes llegaron a predominar en un país o región, la forma más fácil de tener un lugar en el que adorar era apropiarse de una iglesia católica existente. Esto se hizo en Inglaterra, donde las antiguas iglesias catedralicias y abundantes iglesias parroquiales fueron, con pocas modificaciones menores, como la reducción de imágenes pintadas y escultóricas, puestas en servicio como iglesias anglicanas. En el continente, se produjeron transformaciones más profundas. Por ejemplo, en 1566, en los Países Bajos, estalló el *beeldenstorm* (tormenta de imagen o tormenta de estatuas). Las turbas protestantes abarrotaron las iglesias, monasterios y conventos de Amberes y destruyeron imágenes católicas y demolieron algunos edificios por completo. Se informó de que la catedral de Amberes «parecía un infierno, con más de 10.000 antorchas ardiendo, y un ruido como si el cielo y la tierra se hubieran unido, con la caída de imágenes y la caída de obras costosas». Las turbas se trasladaron a Ámsterdam, donde siguió la oleada de iconoclasia. Cuando una iglesia católica era purgada de sus imágenes católicas, podía ser reutilizada como una austera casa de culto protestante.

La contrapeso católico a esto fue erigir magníficos edificios y decorarlos con arte didáctico que contaba claramente la historia de la fe. El estilo del nuevo arte visual, tanto esculturas como pinturas, implicaba representaciones dinámicas y dramáticas de las historias de Cristo y los santos que podían ser comprendidas por todos. Grandes edificios, como la basílica de San Pedro en Roma, fueron erigidos en el estilo renacentista del siglo XVI. Al igual que la cultura literaria de la época, este estilo se centró en las ideas romanas revividas. Esta audaz respuesta a la cultura antigua simbolizó un nuevo comienzo para la Iglesia católica y también afirmó su larga historia.

A principios del siglo XVII, cuando la Iglesia protestante tenía un amplio número de seguidores, la Contrarreforma católica estaba en marcha. Comenzando en Italia, una nueva forma de arquitectura eclesiástica fue introducida principalmente por los jesuitas. Fue el estilo barroco decorativo y teatral, que, con sus intrincados detalles superficiales y su capacidad, sorprendió e inspiró asombro entre la gente. La construcción de iglesias barrocas se extendió rápidamente desde Italia a España, Portugal y Francia, y también fue llevada a sus dominios coloniales. Con altos techos pintados y arcos redondeados, el interior de las iglesias barrocas eran lugares ideales para la presentación de música sacra dramática, piezas vocales, instrumentales y de órgano de artistas como el italiano Claudio Monteverdi (1567-1643), el danés-alemán Dietrich Buxtehude (c. 1637-1707) y Johann Pachelbel (1653-1706). En las iglesias protestantes, la música también jugó un papel importante en la elevación espiritual esperada por las congregaciones en su adoración. Martín Lutero fue un escritor de himnos, y el primer himnario luterano data de 1524. Él creía que la música debería ostentar «el mayor honor y un lugar al lado de la teología». Su enfoque liberal de la música fue contrarrestado por el líder de la reforma en Suiza, Huldrych Zwinglio, quien rechazó todas las formas de música en la adoración. No solo hizo que todas las obras de arte fueran retiradas de las iglesias, sino que, al ocupar las antiguas casas de culto católicas, también ordenó que los órganos fueran removidos y destruidos. Según Zwinglio, la música y el arte eran promotores de la autoindulgencia. A Juan Calvino, por otro lado, le gustaban las canciones simples en la adoración y era un defensor de los coros de niños. En Inglaterra, la Iglesia anglicana hizo uso de música de la talla del compositor William Byrd (c. 1539-1623), quien escribió música sacra para la Iglesia protestante antes de convertirse en católico romano en la década de 1570.

Capítulo 7 – La Iglesia del siglo XVIII

La Iglesia cristiana comenzó como una colección de fieles que practicaban su religión de diferentes maneras a través del Imperio romano. La unidad de la fe fue lograda por los cristianos que se sometieron a la jerarquía de la Iglesia bajo el liderazgo del papa. Esta unidad se vio amenazada periódicamente hasta la época de la Reforma. La gran fisura llegó cuando Lutero, Zwinglio y Calvino abrieron las compuertas de la disidencia. Entonces la Iglesia cristiana se convirtió en una serie de innumerables sectas y denominaciones.

En América del Norte, la influencia no solo de los católicos, sino también de los fervientes puritanos se desmoronó a medida que oleadas de nuevos inmigrantes trajeron sus ideas a las colonias. En Nueva Inglaterra, el poder del puritanismo disminuyó lentamente en las colonias y fue reemplazado por distintas facciones protestantes. Los congregacionalistas, llamados así porque cada congregación era soberana o autónoma, abandonaron la severidad del calvinismo y basaron su religión en los principios de la Ilustración, buscando una comprensión racional de Dios. Su teología estaba situada entre los presbiterianos y los bautistas.

También estaban los antiguos calvinistas, que continuaron adhiriéndose a formas rígidas de adoración y comportamiento. Las sectas protestantes de Nueva Inglaterra establecidas en las décadas de 1730 y 1740 tuvieron lugar durante lo que se conoce como el Gran despertar, que pasó por varias olas de intensidad. En general implicaba un rechazo de los rituales y ceremonias en las iglesias y se centraba más en la convicción espiritual individual y la meta de la redención. El primer Gran despertar durante la década de 1730 fue llevado a cabo por varios protestantes de varias denominaciones. En esencia, el Gran despertar dependía del trabajo de predicadores itinerantes que lideraron el movimiento del avivamiento evangélico. Uno de los predicadores más influyentes fue George Whitefield (1714-1770), uno de los fundadores del metodismo en Inglaterra y un líder en el movimiento evangélico. Whitefield viajó a Estados Unidos en 1749, donde predicó en varios avivamientos evangélicos. En la audiencia en uno de estos en Filadelfia estaba Benjamin Franklin, quien dijo que Whitefield cambió el comportamiento de su audiencia «de ser irreflexiva o indiferente sobre la religión a ser devota para que uno no pudiera caminar por la ciudad en una noche sin escuchar salmos cantados en diferentes familias de cada calle». En una de sus varias misiones de predicación a América, Whitefield fue uno de los primeros predicadores en América en dirigirse a los esclavos.

La religión popular defendida por Whitefield y los evangelistas que cruzaban las colonias americanas estaba bastante separada de la búsqueda de verdades teológicas en las instituciones académicas. En el siglo XVIII el dogma cristiano, tanto protestante como católico romano, se convirtió en un tema de intenso escrutinio por parte de los eruditos de la Ilustración. En la base de los animados debates estaba la seria intención de comprender el mensaje de la fe cristiana sin la incursión del mito y la leyenda que era anatema, o eso creían los eruditos, para cualquier hombre racional pensando. Los escritores de la era de la Ilustración trabajaron para traer luz al dogma cristiano mediante el empleo del pensamiento racional y el tipo de escrutinio común a los estudiantes del nuevo método científico. El proyecto de purgar la fe cristiana de mitos y leyendas fue polémico y a menudo peligroso. Es importante reconocer que las creencias antiguas, como las historias de los primeros santos y mártires, estaban muy presentes en la vida cotidiana de los cristianos, particularmente en las de la clase campesina. Sus vidas, incluso cuando emigraron a las ciudades y se convirtieron en burgueses, se estructuraron acorde con la religión. Las horas y los días de trabajo fueron establecidos por un calendario cristiano. Además las iglesias gravaban a gran parte de la población en forma de diezmos pagados como alquiler por las tierras de cultivo propiedad de la Iglesia.

Federico Guillermo I, rey de Prusia (r. 1713-1740), gobernó sobre una población en Alemania, que estaba formada principalmente por luteranos de la corriente pietista. Como tales, creían en la estricta adhesión a la doctrina bíblica de vivir una vida cristiana simple que girara en torno a la piedad individual. El movimiento pietista fue fundado por el teólogo luterano Philipp Spener (1635-1705). Abogó por las escuelas de seminario en las que los profesores daban ejemplo de humildad cristiana. Su postura con respecto al estudio de las Escrituras fue seguida en la Universidad de Halle (fundada en 1694), bajo el liderazgo intelectual de August Hermann Francke (1663-1727). A los estudiantes se les enseñó a estudiar la Biblia para que entendieran el texto tal como estaba destinado a ser entendido por el Espíritu Santo. Esto requería que los estudiantes adquirieran conocimientos en varios idiomas antiguos para extraer el verdadero significado de los textos bíblicos originales. Además de promover los estudios teológicos, los pietistas dirigieron su energía a fundar organizaciones benéficas cristianas. El rey Federico Guillermo fue un firme partidario del movimiento pietista, y se posicionó de su parte para eliminar a Christian Wolff (1679-1754), un erudito racionalista de la facultad de Halle. Wolff había sugerido en sus escritos que Dios no era un requisito previo para el razonamiento moral. Promulgó esta idea en su libro *Sobre la filosofía práctica de los chinos,* en el que intentó mostrar que el confucianismo podía provocar verdades morales sin referencia al Dios cristiano. Wolff, como un ardiente filósofo de la Ilustración, profesaba el deseo de basar las verdades teológicas en una evidencia matemáticamente cierta.

Dos de los estudiantes de la Universidad de Halle fueron seleccionados para servir en la misión del rey de Dinamarca de propagar la fe en la India. Viajaron al sur de la India, tradujeron la Biblia al tamil y establecieron una escuela de caridad y un seminario para misioneros. Los pietistas luteranos alemanes de Halle también sirvieron como misioneros en toda Europa del Este, extendiéndose hacia Moravia, Bohemia y la Rusia de Pedro el Grande (r. 1682-1725). Los misioneros de Halle, que contaban con unos sesenta estudiantes, recibieron Biblias impresas por el Instituto Bíblico Canstein (fundado por Karl Hildebrand von Canstein, 1667-1719) para su distribución a sus fieles, que contaban cada vez con más polacos y checos.

Los éxitos del movimiento pietista en Alemania y en el extranjero puede haberse debido al poder de los pietistas radicales para atraer a la gente común. Entre los fundadores de la corriente radical del pietismo se encontraba un filósofo alemán del siglo anterior. Jakob Böhme (1575-1624) escribió extensamente sobre los temas del pecado, el mal y la redención. Propuso que la caída del hombre era una etapa necesaria en la evolución del universo. Él creía que esto era cierto debido a una visión mística que tuvo en la que Dios le señaló que para obtener la redención y ver a Dios, el hombre primero debía pasar por el infierno. El enfoque místico de Böhme hacia lo divino fue muy influyente en varios grupos de protestantes pietistas, como la Sociedad de la Mujer en el Desierto de Johannes Kelpius (1667-1708), que sostenía que el libro de Apocalipsis predecía que había un lugar en el desierto donde existía un reino celestial. El místico cristiano Kelpius y sus seguidores navegaron así a América y se establecieron en Pensilvania, donde esperaban ver el fin de los tiempos en 1694 con el advenimiento del reino celestial de Jerusalén. Como todas las sectas milenarias cristianas que esperaban un cambio radical en la sociedad después de un cataclismo como la peste negra, los seguidores de Kelpius no vieron el fin del mundo en 1694. Sin embargo, sus acólitos vivieron pacientemente en el celibato en cuevas y pequeñas celdas como los ermitaños o místicos de Wissahickon. Dado que esta secta cristiana era célibe, no sobrevivió hasta los tiempos modernos.

No todos los pietistas eran tan radicales ni estaban tan condenados al fracaso como Kelpius. Philipp Spener, el fundador del movimiento pietista, se convirtió en el mentor de Nicolaus Ludwig von Zinzendorf (1700-1760). Zinzendorf dio refugio en su finca a los refugiados religiosos de Moravia llamados *Unitas Fratrum* (la Unidad de los Hermanos), que remontaron su linaje espiritual hasta la preReforma de John Hus. Los Hermanos de Zinzendorf construyeron una aldea a la que llamaron Herrnhut. En los servicios religiosos, el Espíritu Santo surgió a través de la congregación en lo que se llama el Pentecostés moravo. Los moravos se ocuparon particularmente de la obra misionera. Fueron el primer movimiento misionero protestante a gran escala. Dos moravos fueron a las Indias Occidentales en 1732, uno a Groenlandia en 1733 y otro a Georgia en el mismo año. A lo largo de los años, fueron seguidos por muchos misioneros fieles que llevaron el cristianismo a las selvas de América del Norte y del Sur, el Ártico, África y el Lejano Oriente. En las Américas, los hermanos moravos trabajaron principalmente con los pueblos indígenas. Con este fin, utilizaron la primera traducción de una Biblia a un idioma de las primeras naciones de América del Norte. Esta Biblia, *Mamusse Wunneetupanatamwe Up Biblum God,* traducida al algonquino, fue publicada en 1663 por un puritano de Massachusetts, John Eliot (1604-1690).

El desorden dentro del Sacro Imperio Romano Germánico con los estados que competían por la independencia llegó a su fin con el ascenso de Federico II, también conocido como Federico el Grande, y su derrota de los Habsburgo austríacos en 1740-42. El dominio en Europa central fue ganado por Federico el Grande (r. 1740-1786), cuya corte en Berlín prometió un ambiente eficiente y humano para la evolución de la Iglesia cristiana compuesta por la fe católica y una gran cantidad de denominaciones protestantes. En Baviera, los clérigos católicos de la Ilustración trataron de poner fin al dominio de los jesuitas asociados con la Universidad de Ingolstadt. Otro grupo de disidentes bávaros formó un grupo masónico de individuos de ideas afines que se autodenominaron la orden bávara de los *illuminati*. Fueron acusados de albergar sentimientos anticristianos y fueron prohibidos en Baviera en 1784.

Federico, que siempre fue bastante liberal cuando se trataba de religión, eliminó la prohibición de Christian Wolff, quien luego regresó a la Universidad de Halle para dar clases. Fue en Halle donde un grupo de eruditos intentó reconciliar el nuevo pensamiento de la Ilustración con el pensamiento cristiano. Entre ellos destacaron los seguidores del neologismo, que trabajaron para acomodar el pensamiento científico y razonado de la Ilustración con la teología cristiana. Estos eruditos creían que las verdades reveladas por la razón no eran incompatibles con las verdades divinas reveladas de la Biblia. Los neologianos de pensamiento liberal pronto tuvieron una universidad que simpatizaba con su nueva forma de ver el cristianismo. En 1737, la Universidad de Gotinga fue fundada para preparar a los estudiantes para trabajar en el creciente servicio civil del estado prusiano. En Halle se alentó la libre investigación de la Biblia libre de las presuposiciones de la ortodoxia escolástica y la infalibilidad de los textos religiosos. Johann Salomo Semler (1725-1791), el filósofo alemán más influyente de la época, propuso que había una distinción entre religión y teología y entre la palabra de Dios y las Sagradas Escrituras. Propuso que la historia judía fuera escrita teniendo en cuenta todos los puntos de vista defectuosos de los contemporáneos (judíos antiguos), lo que significa que esta no era la verdadera palabra eterna de Dios.

El desafío de reconciliar la historia y la revelación para los estudiosos de la Ilustración está claramente establecido en los escritos de Johann Philipp Gabler (1753-1826), profesor en Nuremberg. En una conferencia titulada Una oración sobre la distinción adecuada entre la teología bíblica y dogmática y los objetivos específicos de cada uno, dijo que desarrollaría una guía metodológica para aquellos que «aspiraban a una comprensión sólida de los asuntos divinos» y «para obtener una esperanza firme y cierta de salvación». Para él, la razón práctica entregó verdades universales de teología que eran de origen histórico. Él creía que las Sagradas Escrituras podían contener mitos que provenían de culturas primitivas. A partir de estos mitos, el erudito diligente podría entonces tamizar las verdades universales.

La libertad que los eruditos bíblicos disfrutaron en su exploración de la fe cristiana en la Prusia de Federico fue usurpada por muchos escritores que, bajo el disfraz de racionalismo ilustrado, atacaron temas como los milagros y los eventos fabulosos relacionados en la Biblia. Esto llevó a la institución a recibir un edicto de censura promulgado por el sucesor de Federico el Grande, su sobrino Federico Guillermo II (r. 1786-1797). Toda la escritura teológica estaba sujeta a la aprobación del Estado. El objetivo inmediato era detener el flujo de escritos y predicaciones de los seguidores del teólogo italiano Fausto Sozzini, también conocido como Faustus Socinus (1539-1604). Su escuela de pensamiento cristiano, conocida como socinianismo, vino de los creyentes en la reforma radical. Los socinianos rechazaron las nociones ortodoxas del conocimiento de Dios, la Trinidad, la divinidad de Cristo y el concepto de salvación. Los socinianos formaron la Iglesia reformada de Polonia y la Iglesia unitaria de Transilvania. Estas denominaciones socinianas tenían una cristología no trinitaria, y también rechazaban la doctrina del pecado original y la omnisciencia absoluta de Dios. La Iglesia unitaria de Transilvania fue objeto de persecución. La mártir más famosa por la fe fue Katarzyna Weiglowa (c. 1460-1539). Fue ejecutada en Cracovia después de convertirse al no trinitarismo judaizante. Ella se negó a reconocer a Cristo como el hijo de Dios. Katarzyna Weiglowa es considerada mártir tanto por los unitarios como por los judíos. En el siglo XVIII, el unitarismo se extendió a Inglaterra, donde se fundó la primera iglesia unitaria en Londres en 1774. En Estados Unidos, el primer clérigo en llamarse unitario fue James Freeman (1759-1835). Su predicación en Stone Chapel en Boston en 1784 sobre la doctrina sociniana de la Deidad ganó a la congregación, lo que significa que Stone Chapel podría considerarse la primera iglesia unitaria en América.

En Suecia, las derrotas catastróficas de los rusos y la pérdida de los territorios bálticos finalmente alejaron al monarca de las tendencias absolutistas. La nueva era de la libertad (1719-1772) permitió a los pietistas alemanes infiltrarse en la Iglesia luterana en Suecia. Entre los pensadores liberales que gozaban de la libertad de considerar ideas heterodoxas estaba Emanuel Swedenborg (1688-1772). Swedenborg fue un científico que tuvo un despertar espiritual a través de la revelación. Jesucristo, a quien conoció en una visión, le dijo que escribiera *La doctrina celestial,* un relato de 1758 de su visita al cielo y al infierno, donde, aparte de Cristo, se le dio la oportunidad de conversar con ángeles y demonios. El interludio de la apertura religiosa continuó bajo el rey Gustavo III (r. 1772-1792), pero estableció el luteranismo como la base del gobierno y formalizó su control constitucional sobre la Iglesia luterana.

Durante el siglo XVIII, Inglaterra vio el surgimiento de una secta protestante que era algo menos elevada que las que salieron de las escuelas de teología universitarias alemanas. El líder de la mayor secta inglesa de disidentes fue John Wesley (1703-1791), quien fue un sacerdote anglicano ordenado. Se unió a la sociedad Club Santo, fundada por su hermano Charles en Oxford. Entre sus miembros estaba George Whitefield, quien pronto se convertiría en un predicador itinerante en Inglaterra y América. John Wesley sirvió durante dos años como sacerdote en Savannah en la colonia de Georgia. Al regresar a Londres, se unió a un grupo de cristianos moravos. Wesley experimentó lo que él llamó una conversión evangélica y se dispuso a establecer su propio ministerio evangélico. Mientras viajaba y predicaba al aire libre por Inglaterra e Irlanda, ayudó a organizar grupos de cristianos que, asumiendo la responsabilidad personal, se comprometieron con el discipulado y ofrecieron instrucción religiosa. Enseñaron que un cristiano podía ser transformado a la semejanza de Cristo través de la fe. Y que la santidad interior y exterior podría ser obtenida por aquellos que dejaran que el amor de Dios entrara directamente en sus corazones. El enfoque evangélico de Wesley para transmitir la palabra de Dios fue aceptado por la Iglesia anglicana ortodoxa. Después de su muerte los que practicaban su método de vivir la fe cristiana, los metodistas, se convirtieron en objeto de persecución y se vieron obligados a establecerse como una denominación separada.

La mayor crisis que enfrentó la Iglesia cristiana en Europa ocurrió en los últimos años del siglo XVIII. Después de que la Revolución francesa había logrado trastornar casi todos los vestigios del gobierno real de Francia, el gobierno revolucionario desarrolló políticas para la descristianización del país. La Iglesia católica fue atacada por primera vez por su riqueza y poder sobre el ahora desaparecido gobierno real, y las propiedades confiscadas de la Iglesia se vendieron en subasta pública. Al principio, los miembros clero fueron despojados de sus derechos y se convirtieron en empleados del Estado, lo que significa que estaban sujetos a la elección de sus feligreses. Esto iba en contra de la autoridad papal, al igual que la legalización del divorcio en 1792. En el otoño de 1792, el anticlericalismo se volvió violento. Finalmente la Iglesia fue completamente suprimida, y todas sus propiedades fueron nacionalizadas. Treinta mil sacerdotes fueron exiliados, y muchos más fueron asesinados. Todo lo cristiano fue criticado. El calendario fue recalculado para que *Anno domini* fuera reemplazado por el año desde la caída de la Bastilla en 1789. Cualquier mención del sábado, los días de los santos o los días de las fiestas cristianas fueron borrados del calendario. Algunas de las iglesias tomadas por el gobierno pasaron a llamarse templos de la razón en las que se celebraba una «religión atea» patrocinada por el Estado y que se llamaba el culto de la razón. Después de un periodo muy corto de dominio, fue reemplazado oficialmente por el culto del Ser Supremo. Fue solo con el ascenso de Napoleón Bonaparte (1769-1821) cuando los dos cultos anticristianos fueron prohibidos. Napoleón era pragmático cuando se trataba de la Iglesia cristiana. Entendió que el poder secular en Europa dependía en cierta medida de la aquiescencia de la Iglesia católica. Napoleón pidió al papa Pío VII (papado 1800-1823) que bendijera su coronación como emperador de Francia en 1804.

Conclusión

Es arriesgado, en el mejor de los casos, predecir el futuro de la Iglesia cristiana. Como institución en el tejido social de una comunidad o nación, ha sobrevivido a desafíos increíbles por parte de teólogos contendientes, clérigos luchadores, conflictos entre emperadores, reyes y papas, disputas sobre leyes y ética, y peleas sobre la veracidad histórica de casi todos los eventos y significados de prácticamente todas las palabras de la Biblia. La Iglesia cristiana se ha dividido en muchas ocasiones, lo que ha llevado a que existan miles de denominaciones repartidas por todo el mundo. Todas no están de acuerdo en cómo un cristiano debe vivir su vida. Lo que sí tienen en común es la aceptación de Jesucristo en el centro de su fe. Difieren sobre quién era, qué hizo, qué dijo y qué sucedió cuando murió. También difieren en cuanto a quién debe o podría dirigir a los congregantes, ya sean hombres castos, mujeres y hombres, solo aquellos llenos de la luz del Espíritu Santo, solo heterosexuales... y así sucesivamente. Las diferencias son las que han hecho que la Iglesia cristiana sea tan vital y excepcional en la historia del mundo.

El dominio de la Iglesia cristiana en muchos estados del mundo occidental ha sido desafiado últimamente por la incursión de religiones no cristianas que han traspasado fronteras con la inmigración global. Las fricciones entre cristianos y no cristianos están revestidas de diferencias culturales o étnicas que se arraigan como discriminación económica. Por lo tanto, a menudo es difícil separar las diferencias religiosas de las diferencias raciales y culturales. Uno de los desafíos más significativos que enfrenta la Iglesia cristiana en Occidente es cómo incorporar todos los aspectos del liberalismo en una fe que se basa históricamente en el concepto de que es la única fe verdadera. Algunos incluso han pedido una nueva cruzada cristiana para hacer frente al peligro percibido de invadir las religiones no cristianas, en particular, el resurgimiento global del islamismo. Las guerras libradas bajo el disfraz de la religión, ya sea entre católicos y protestantes, como en Irlanda del Norte, o entre cristianos y musulmanes, plantearán problemas particulares para los miembros de la Iglesia cristiana de tendencia liberal.

El aspecto más importante de la evolución de la Iglesia cristiana como institución en la sociedad es que siempre está en un estado de cambio dinámico. Los cambios en la teología, en los conceptos de divinidad y en la organización de iglesias de todo tipo están integrados en el tejido mismo del cristianismo mismo. La Iglesia cristiana, en general, tiene la capacidad de mirar hacia atrás, lidiar con el *status quo* y luego mirar hacia adelante. Muchos cristianos ven esta capacidad como una parte esencial del mensaje de Jesucristo.

Segunda Parte: La Reforma

Una guía fascinante sobre la revolución religiosa provocada por Martín Lutero y su impacto en el cristianismo y la Iglesia occidental

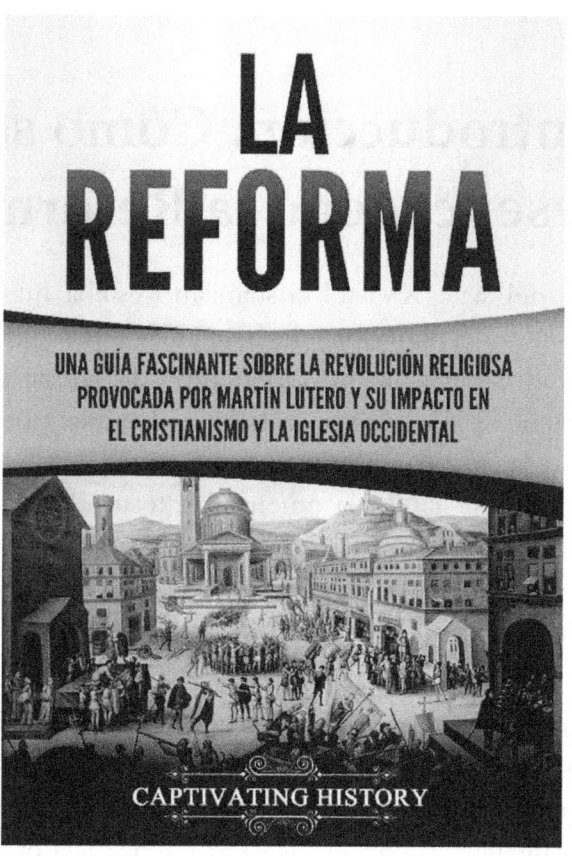

Introducción: Cómo se desencadenó la Reforma

A principios del siglo XVI, el cristianismo estaba más unido que nunca. Durante este periodo, solo había dos ramas principales del cristianismo: el catolicismo de Occidente y la Iglesia ortodoxa de Oriente. Oriente y Occidente se habían dividido unos 500 años antes debido a algunas diferencias doctrinales menores (pero importantes). Solo cuando la amenaza externa del avance de los ejércitos del islam inició el primero de los muchos intentos de derribar las puertas de la Iglesia ortodoxa de Oriente —cuya sede estaba en Constantinopla (la actual Estambul)—, la Iglesia católica y la Iglesia ortodoxa intentaron arreglar las cosas.

La cristiandad lanzó cruzadas desde occidente en un intento de defender a sus hermanos orientales, pero al final, la Iglesia ortodoxa Oriental, que tenía su sede en Asia Menor (la actual Turquía), fue invadida y subyugada por el islam. Los restos del cristianismo ortodoxo sobrevivirían, pero en su forma destrozada, ya no supondría un reto significativo para la Iglesia católica en cuanto a ideología. No fue hasta que un hombre llamado Martín Lutero comenzó a cuestionar las enseñanzas católicas a principios del siglo

XVI que se hicieron visibles nuevas fracturas en la estructura de la iglesia.

Martín Lutero se hizo sacerdote católico en 1507. Era un miembro dedicado del clero, pero comenzó a tener serias dudas con muchos aspectos de la doctrina católica oficial. Los interrogantes que empezaron a surgir en el corazón de este monje solitario le llevaron a clavar sus famosas noventa y cinco tesis en las puertas de la Iglesia de Todos los Santos (a veces llamada Iglesia del Castillo) donde servía. El 31 de octubre de 1517, aproximadamente una década después de la ordenación original de Lutero, clavó sus principales protestas en las puertas de la iglesia para que todos las vieran.

El lector moderno notará la fecha, ya que desde entonces se asocia con Halloween. En la época de Lutero, se conocía como la víspera de Todos los Santos, ya que el día siguiente era el 1 de noviembre, que era (y sigue siendo) la fiesta católica de Todos los Santos. El Día de Todos los Santos también se llamaba "All Hallows' Day" en inglés en varios lugares, y la noche anterior se conocía como "All Hallows' Eve", de la que obtenemos la variante moderna de Halloween.

Pero por muy espeluznante que pueda parecer todo esto, Lutero, al parecer, eligió esta fecha sin más motivo que el hecho de que el día de Todos los Santos (All Hallows' Day) era cuando se reunían muchos intelectuales de la iglesia en ciernes. Sabiendo que mucha gente estaría allí ese día para discutir sus tratados, los fijó en la puerta el día anterior para que todos estuvieran seguros de verlos. La colocación de estas directivas tampoco era tan inusual.

Muchos han comparado su colocación en las puertas con el hecho de que alguien coloque notas en un tablón de anuncios (o mejor aún, en Facebook) solo para expresar una opinión. Martín Lutero no pretendía hacer nada tan radical en aquel momento: simplemente abría un diálogo y planteaba algunas preguntas. Lutero nunca pretendió dividir la Iglesia católica ni crear facciones opuestas; solo pretendía reformar (de ahí la expresión Reforma) la Iglesia católica desde dentro. Pero poco sabía de la ola de cambio que estaba a punto de desatar.

Capítulo 1 - Las noventa y cinco razones de Martin para la reforma

"Desde el principio de mi Reforma he pedido a Dios que no me envíe ni sueños, ni visiones, ni ángeles, sino que me dé el correcto entendimiento de su Palabra, y de las Sagradas Escrituras. Porque mientras tenga la Palabra de Dios, sé que ando en su camino y que no caeré en ningún error o engaño".

- Martin Lutero

Se ha hablado mucho de las noventa y cinco tesis (o proposiciones teológicas) que Martín Lutero clavó en la puerta de la abadía en 1517. Pero ¿qué supusieron? A pesar del extraordinario cambio social que desencadenaron, las tesis en sí mismas no eran precisamente de naturaleza radical, y se centraban en dos temas principales: La creencia de Lutero de que la salvación se lograba por la fe y no por las obras, y la insistencia de Lutero en que las Escrituras debían ser la máxima autoridad religiosa y no el clero.

Lo que más le preocupaba a Lutero en ese momento era el hecho de que la Iglesia se dedicaba a vender la salvación a las masas mediante algo llamado indulgencia. Esta práctica permitía a los feligreses dar literalmente dinero a la Iglesia católica a cambio de promesas del clero de perdonarles los pecados y/o concederles el paso del purgatorio al cielo. Para entender la práctica de las indulgencias, se debe entender las enseñanzas de la Iglesia católica de esta época.

Los católicos enseñaban que los pecadores debían hacer penitencia en esta vida y, a menudo, también en la siguiente. Era una creencia común de la época que, al fallecer, la mayoría de las personas no iban inmediatamente al cielo o al infierno, sino a un reino intermedio llamado purgatorio. Desde la época de Lutero, muchos grupos protestantes han ridiculizado la idea del purgatorio e incluso han llegado a decir que la Iglesia católica lo inventó todo.

Sin embargo, aunque la palabra purgatorio —una palabra latina que significa limpiar o purgar— no aparece en las Escrituras, sí se menciona en la Biblia un lugar así. La Biblia, de hecho, a menudo habla de un reino intermedio o limbo donde los santos "duermen". Este lugar ha sido referido por su nombre hebreo de Sheol. El griego original del Nuevo Testamento usó la palabra griega para Seol, que es Hades, para describir el mismo lugar exacto. El mismo reino también se ha traducido como "paraíso", o incluso "Seno de Abraham".

Puede ser confuso tener nombres que suenan tan agradables como "paraíso" y "Seno de Abraham" para un lugar que los católicos llaman purgatorio. También es confuso el uso de la palabra griega "Hades", que la mayoría de la gente probablemente asocia con el concepto occidental de infierno, pero el infierno y el Hades son dos conceptos diferentes. Mientras que el infierno se define como un lugar de tormento, el Hades es simplemente la morada del inframundo de los muertos.

El término griego real para un lugar de tormento parecido a nuestra noción común de infierno es la palabra "Tártaro". En la traducción griega del Nuevo Testamento, la palabra "Tártaro" solo aparece una vez, cuando el apóstol Pedro describe el destino final de los ángeles caídos que desobedecieron a Dios. La elección de esta palabra es interesante porque, en la mitología griega, el Tártaro es el lugar donde los Titanes fueron encarcelados. Si se leen los mitos griegos y se comparan con las historias bíblicas de los ángeles caídos/vigilantes/ Nefilim, los paralelismos son bastante sorprendentes.

Uno se pregunta si la palabra "Tártaro" fue elegida por conveniencia, o si realmente se refería al mismo lugar exacto. ¿Acaso el Apóstol Pedro vio algún tipo de similitud entre los cuentos populares griegos de los Titanes y los ángeles caídos? En cualquier caso, en lo que respecta al Seol, el Hades, el Paraíso y el Seno de Abraham, todos estos reinos de los que se habla en la Biblia, independientemente de cómo se llamen, cumplen el mismo propósito del purgatorio católico. No son ni el Cielo ni el infierno, sino simplemente un lugar donde las almas transitorias se refugian temporalmente.

Estos conceptos son complejos, y salvo los teólogos que pasan años estudiándolos en profundidad, la mayoría de los cristianos probablemente no saben mucho sobre ellos. Pero, por extraño que pueda parecer al observador casual, estos conceptos se basan en las Escrituras. Los primeros cristianos creían que antes de que Jesús viniera a la Tierra y muriera en la cruz, a todos los santos del Antiguo Testamento (como Abraham) se les negó el acceso al Cielo, pero Dios no iba a enviarlos al infierno, así que, en su lugar, se les mantuvo en un plano intermedio de la existencia —de ahí el Seno de Abraham, el paraíso, el purgatorio, el Seol, o como quiera llamarlo.

Según esta noción, el propio Jesús, después de ser crucificado, descendió a este mundo inferior para "liberar a los cautivos". Hoy en día, los predicadores son más propensos a utilizar esto como una alegoría para entregar un mensaje de bienestar a las masas sobre cómo Jesús libera a los que están en la esclavitud de cosas como el alcohol o algún otro vicio. No hay nada malo en ello, pero la expresión también tiene una interpretación literal. Los tres días entre la crucifixión y la resurrección de Cristo son una parte dramática de las Escrituras del Nuevo Testamento que a menudo se pasa por alto, pero según la Biblia, no estaba inactivo.

La Escritura nos dice que inmediatamente después de ser asesinado en la cruz, Jesús fue directamente al paraíso/purgatorio y literalmente "llevó cautiva la cautividad" al rescatar a los santos del Antiguo Testamento que estaban retenidos en el Seol. Solo después de completar esta misión, Jesucristo resucitó físicamente de entre los muertos y salió de la tumba, de vuelta de entre los muertos y de ese reino del inframundo del purgatorio llamado Seol/Hades.

Según la Biblia, en los tres días anteriores a su resurrección, Jesús estaba en una misión espiritual para liberar a las almas que habían estado atrapadas durante mucho tiempo en el limbo del purgatorio. No entró en el Cielo hasta su resurrección física y eventual ascensión en lo que los cristianos denominan su cuerpo "glorificado" o "inmortal/incorruptible", un estado del ser en el que los cristianos creen que ellos también se transformarán en un "abrir y cerrar de ojos" cuando suene la "última trompeta".

La idea de que Jesús fue primero al paraíso, *antes* de la resurrección y la ascensión, también se apoya en un comentario que Jesús hizo al ladrón en la cruz: "Hoy estarás conmigo en el paraíso". No dijo Cielo, sino que específicamente dijo "paraíso", que es otra palabra para el Seol/Seno de Abraham/Hades —usted entiende el punto.

Esto es mucho para desenterrar, pero entender tales cosas es esencial para entender por qué los católicos hablaron de un reino intermedio llamado purgatorio. A pesar de la desinformación y la insinuación de que el purgatorio es simplemente una tontería que alguien ha inventado, el concepto de purgatorio se basa en las Escrituras.

En cualquier caso, los católicos ampliaron en gran medida todo esto y acabaron creyendo que se podía reducir el tiempo que se pasaba en el purgatorio pagando indulgencias a los sacerdotes, o incluso ayudando a los familiares muertos que se creía que estaban en el purgatorio pagando en su nombre. En cuanto a Martín Lutero, se dice que más tarde abandonaría gran parte de su anterior creencia en el purgatorio, pero en el momento en que clavó sus noventa y cinco tesis en la puerta, no estaba tan en contra de la noción del purgatorio en sí como de la idea de que se podía pagar para salir de él.

Por muy corrupto que pueda parecer a primera vista, el acto de pagar dinero o "limosna" en nombre de un ser querido fallecido no era simplemente un plan urdido por la Iglesia católica. Al igual que el purgatorio, se derivó de las Escrituras. El concepto de indulgencias proviene de los Macabeos, un libro que, casualmente, está excluido de la mayoría de las Biblias protestantes. El concepto de pagar una cantidad de dinero en sacrificio por las almas de los difuntos proviene de un relato en el que Judas Macabeo aconseja a sus seguidores que paguen una limosna por algunos de sus guerreros que han perecido en la batalla.

Se descubrió que estos guerreros llevaban al cuello amuletos considerados profanos y en reverencia a dioses paganos. Fue para la expiación de los actos de estos hombres muertos que Judas pidió a todos sus seguidores que ofrecieran limosnas. O, como nos dice 2 Macabeos 42-45, "El noble Judas pidió al pueblo que se mantuviera libre de pecado, pues había visto con sus propios ojos lo que les había sucedido a los caídos a causa de su pecado. Recaudó una contribución de cada hombre y envió el total de dos mil dracmas de plata a Jerusalén para una ofrenda por el pecado, un acto adecuado y correcto en el que tuvo debidamente en cuenta la resurrección. Porque si no hubiera esperado que los caídos resucitaran, habría sido insensato y superfluo orar por los muertos. Pero como tenía en vista la maravillosa recompensa reservada a los que mueren piadosamente, su propósito era santo y piadoso. Y por eso ofreció un sacrificio expiatorio para liberar a los muertos de su pecado".

Macabeos da claramente un ejemplo de rezar por los muertos y pagar limosna (una indulgencia) por ellos con la esperanza de que este sacrificio expiatorio "libere a los muertos de su pecado". Las Biblias protestantes optarían por no incluir el Libro de los Macabeos. Los sacerdotes católicos romanos, sin embargo, podrían señalar fácilmente esta Escritura como parte de su razonamiento para permitir que se hicieran indulgencias para aquellos que ofrecían limosnas para los difuntos.

En lo que respecta a las razones de Martín Lutero para clavar sus noventa y cinco tesis en las puertas de la iglesia el 31 de octubre de 1517, criticaba principalmente lo que consideraba abusos flagrantes de la práctica. A Lutero le molestaban especialmente los sacerdotes que habían utilizado la venta de indulgencias para financiar proyectos de construcción. En la época de Lutero, la adquisición de indulgencias se había comercializado tanto que, en un momento dado, un fraile dominico llamado Johan Tetzel había creado su propio jingle publicitario para obtener ingresos. El astuto fraile era supuestamente aficionado a proclamar: "¡En cuanto suena la moneda en el cofre, un alma del purgatorio salta al cielo!".

Lutero creía que tales fechorías corrompían al clero tanto como a los feligreses, ya que hacían creer al público que podía evitar el verdadero arrepentimiento y, en su lugar, simplemente pagar su entrada al cielo. Martín Lutero condenó decisivamente tales prácticas en la Tesis 32 de sus noventa y cinco tesis, que decía: "Aquellos que creen que pueden estar seguros de su salvación porque tienen cartas de indulgencia serán condenados eternamente, junto con sus maestros". En la Tesis 43, aclaró aún más esta creencia cuando declaró: "Se debe enseñar a los cristianos que quien da a los pobres o presta a los necesitados hace una obra mejor que quien compra indulgencias".

También reprendió con decisión la práctica de la Iglesia de utilizar el dinero de las indulgencias para financiar proyectos de construcción. En la Tesis 50, Lutero había proclamado con firmeza: "Hay que enseñar a los cristianos que, si el papa conociera las exacciones de los predicadores de indulgencias, preferiría que la basílica de San Pedro se redujera a cenizas antes que construirla con la piel, la carne y los huesos de sus ovejas".

Es importante notar que mientras Lutero vilipendiaba al clero, al que llamaba "predicadores de indulgencias", todavía se las arreglaba para mantener al papa mismo sin culpa. Cuando Lutero clavó sus noventa y cinco tesis en las puertas de la iglesia, seguía creyendo que el papa no estaba al tanto de lo que hacían los clérigos de menor rango (especialmente los de la talla de Johan Tetzel).

En cambio, Martín Lutero insistió en que el papa ignoraba tales cosas, y que, si lo supiera, "preferiría que la basílica de San Pedro se quemara hasta las cenizas antes que construirla con la piel, la carne y los huesos de sus ovejas". Como se puede ver, en este punto de su evolución personal de pensamiento, Lutero estaba dispuesto a conceder al papa de la lejana Roma el beneficio de la duda; sin embargo, sus opiniones cambiarían pronto.

Capítulo 2 - Lutero es tachado de hereje

"A menos que me convenza la Escritura y la razón pura, no acepto la autoridad de papas y concilios, pues se han contradicho. Mi conciencia es cautiva de la Palabra de Dios. No puedo ni quiero retractarme de nada, pues ir en contra de la conciencia no es correcto ni seguro. Aquí estoy, no puedo hacer otra cosa. Que Dios me ayude. Amén".

- Martin Lutero

Inmediatamente después de que Martín Lutero clavara sus noventa y cinco tesis en las puertas de la Iglesia del Castillo de Wittenberg, sus tratados religiosos se difundieron libremente. Las palabras de Lutero parecían resonar en las masas alemanas, desencantadas con el control de Roma sobre los asuntos eclesiásticos locales. Los atrevidos reproches de Lutero despertaron su propio escepticismo sobre la autoridad papal. Pero, para cuando las copias de las tesis de Lutero llegaron a Roma, la reacción fue inicialmente de indiferencia.

El clero romano creía que el principal argumento de Lutero era contra la orden de frailes dominicos como Johan Tetzel, una orden que a menudo estaba en desacuerdo con la orden agustiniana a la que pertenecía Martín Lutero. Lutero criticó a Tetzel y pareció eximir de culpa al propio papa, limitándose a señalar los abusos percibidos del clero bajo su autoridad. Lutero, de hecho, había profesado su creencia de que, si el papa conociera los abusos que se estaban produciendo, seguramente pondría fin a los mismos.

Martín Lutero se presentaba como un sacerdote fiel que no estaba de acuerdo con la forma en que se comportaban otros sacerdotes, por lo que es comprensible que las autoridades católicas romanas se encogieran de hombros en un principio y lo consideraran una pequeña disputa entre monjes. Sin embargo, a medida que el debate continuaba y más voces se involucraban en el drama, el Vaticano no pudo evitar tomar nota.

En 1518, las palabras de Lutero se imprimían tanto en latín como en alemán, y aunque nunca obtuvo derechos de autor o regalías por su trabajo, sus tratados se habían convertido en una especie de best seller. Pronto, todo el mundo hablaba de las ideas de este desconocido y oscuro monje agustino. Aprovechando esta ola de interés, Lutero se dirigió a la Universidad de Heidelberg en abril de 1518 para hablar libremente ante un público.

Incluso en este momento, había preocupación por la seguridad personal de Lutero, ya que algunas personas ya habían mostrado una fuerte oposición a sus enseñanzas. Sin embargo, la autoridad local alemana —el elector de Sajonia, Federico el Sabio— le concedió a Lutero una carta en la que le garantizaba el paso seguro en caso de que alguien intentara interceptarlo. Entretanto, Lutero no tenía intención de suscitar un debate durante esta visita. Sus planes originales eran dar una conferencia sobre los méritos de la teología de San Agustín. Como monje agustino que era, se trataba ciertamente de un terreno bien transitado.

Sin embargo, para los que se habían reunido, la principal atracción no era escuchar a San Agustín, sino la creciente controversia sobre las noventa y cinco tesis de Lutero. En especial, querían escuchar a Lutero referirse a sus recientes argumentos contra la práctica de las indulgencias. Y, aunque Lutero no profundizó demasiado en sus ideas sobre las indulgencias, sí tocó otros asuntos que serían extremadamente importantes para la Reforma que se avecinaba. Habló de sus puntos de vista sobre la justicia de la fe a través de Cristo y expuso su noción de la total impotencia de los seres humanos para lograr su propia salvación.

La conferencia de Lutero en Heidelberg fue bien recibida y tuvo un gran éxito, convirtiéndolo casi en una celebridad local. Pero a medida que su fama crecía, también lo hacía su oposición. En el verano de 1518, fue atacado por una de las mentes católicas más importantes de la región: John Eck. Eck se opuso directamente a las noventa y cinco tesis de Lutero y escribió su propio artículo de oposición, titulado "Obeliscos". En él, Eck arremetía contra Lutero e intentaba desmontar sus argumentos.

En un principio, Lutero se quedó atónito ante la embestida, pues nunca imaginó que alguien como Eck pudiera cuestionar de tal manera una práctica como las indulgencias. Sin embargo, Lutero no tardó en superar su asombro y pasó a la ofensiva. No se guardó nada, cogió su pluma y se lanzó contra su oponente de la forma ampulosa que le haría famoso. En un momento dado, declaró que Eck no se comportaba más que como "una prostituta irritada" que vomita terribles maldiciones y juramentos.

Con una retórica así, no había vuelta atrás. Se había trazado una línea en la arena, y en lo que respecta a Lutero, o se amaba al hombre o se pensaba que era un abominable hereje. Muy pronto, incluso la lejana Roma se puso en marcha para silenciar a este molesto monje. El 7 de agosto de 1518, Lutero recibió con estupor la correspondencia oficial del Vaticano, que proclamaba que sus noventa y cinco tesis eran consideradas heréticas. Por ello, se le pidió a Lutero que se presentara en Roma para responder por sus errores.

Sin embargo, esta perspectiva era peligrosa para Lutero, ya que significaba que tendría que dejar su relativamente seguro patio trasero alemán y presentarse en Roma a la completa merced del

Vaticano, una institución que, en aquellos días, no solía ser demasiado amable con aquellos que creía que guiaban al rebaño por el mal camino. De hecho, ya había algunos planes para arrestar a Lutero por la fuerza. Si era posible, los agustinos alemanes recibieron instrucciones de apresar a Lutero y "enviarlo a Roma atado de pies y manos con cadenas".

Sin embargo, una señal del debilitamiento del poder de Roma fue el hecho de que esto nunca ocurrió. En la época de Lutero, el llamado "Sacro Imperio Romano" era el verdadero centro de poder. Y, aunque el centro espiritual del Sacro Imperio Romano Germánico debía estar en Roma, el centro político del Sacro Imperio Romano Germánico de la época de Lutero estaba en los principados alemanes de Europa Central. (Para aclarar cualquier confusión, es importante señalar que la "Alemania", tal como la conocemos hoy, aún no había nacido. Claro que había pueblos germánicos que hablaban alemán, de los que el propio Martín Lutero formaba parte, pero el estado-nación moderno de Alemania no surgiría hasta 1871). En la época de Lutero, lo que hoy llamamos Alemania formaba parte del Sacro Imperio Romano Germánico, que en aquella época abarcaba lo que hoy es Alemania, Austria, Suiza, parte de Francia, parte de Italia y parte de Polonia. En consecuencia, en lugar de ser enviado a Roma, Lutero tuvo la opción de acudir al parlamento imperial de la ciudad alemana de Augsburgo en octubre de 1518.

Aquí Lutero fue interrogado personalmente por el legado papal de Augsburgo, un tipo llamado cardenal Cayetano, durante tres días. Fue el cardenal Cayetano quien insistió repetidamente en que Lutero estaba equivocado y le exigió que corrigiera sus "errores" sobre la práctica de las indulgencias y sus opiniones sobre el alcance de la autoridad papal. Sin embargo, Lutero se negó y, poco después, el cardenal Cayetano tachó a Lutero de hereje y pidió a las autoridades alemanas que "lo enviaran a Roma o lo echaran de Sajonia".

El propio Lutero sabía que su libertad corría mucho peligro en ese momento, y por ello abandonó rápidamente Augsburgo para dirigirse a un terreno más seguro en el norte de Alemania. Nuevamente, es importante considerar la situación política de la región en ese momento. La tierra que más comúnmente llamamos Alemania formaba parte del Sacro Imperio Romano. En 1518, este imperio estaba gobernado por el emperador del Sacro Imperio Romano Germánico, Maximiliano I. El destino quiso que Maximiliano falleciera abruptamente en enero de 1519. Esto dejó a su nieto, Carlos V, como su sucesor.

Carlos no podía convertirse en el gobernante oficial del Sacro Imperio Romano Germánico hasta que fuera elegido por los siete electores imperiales —sí, curiosamente, el emperador del Sacro Imperio Romano Germánico era elegido en última instancia por un "colegio electoral". De la misma manera que un presidente de los Estados Unidos es elegido por los electores repartidos en cincuenta estados, el emperador del Sacro Imperio Romano Germánico era puesto en el poder por los siete electores del Imperio romano germánico, que también estaban a cargo de varios principados de la región.

Los electores designaban al siguiente candidato monárquico como emperador electo antes de que el papa diera la confirmación definitiva. Todo esto podría sonar casi divertido para un lector estadounidense debido a sus similitudes con el colegio electoral de Estados Unidos, los electores y el concepto de tener un presidente electo hasta que el nuevo líder sea confirmado oficialmente. Pero resulta que los padres fundadores de Estados Unidos tomaron prestadas muchas de sus ideas de otros lugares y épocas; el concepto de colegio electoral fue una de esas nociones que injertaron en la constitución estadounidense.

En cualquier caso, los electores representaban territorios importantes como Colonia, Maguncia, Tréveris, Sajonia, el Palatinado del Rin, el Margrave de Brandemburgo y Bohemia.

Estas regiones formaban lo que se conocía como la "Dieta Imperial", que se consideraba un órgano deliberativo del Sacro Imperio Romano Germánico. Fue en este foro deliberativo donde tendrían lugar gran parte de los debates posteriores de Lutero.

En el momento de la muerte de Maximiliano, Lutero vivía bajo la jurisdicción del elector de Sajonia, el príncipe alemán Federico III. Federico era un conservador en materia de religión, pero también resultó ser el fundador de Wittenberg y un defensor incondicional de su teólogo residente: Martín Lutero. Lutero tenía un gran protector en la forma de Federico III, y como tal, Roma tenía que actuar con cautela al tratar con él. Podían llamarle hereje, pero para que el papa no se enemistara con uno de los electores del Sacro Imperio Romano, Roma no podía intervenir directamente.

Capítulo 3 - Martín Lutero se prepara para la batalla

"El mundo no quiere ser castigado. Quiere permanecer en la oscuridad. No quiere que se le diga que lo que cree es falso. Si tampoco quiere ser corregido, entonces podría dejar la iglesia y pasar su tiempo en el bar y el burdel. Pero si quieres salvarte y recordar que hay otra vida después de ésta debes aceptar la corrección".

- Martin Lutero

La providencia divina o simplemente la buena suerte crearon unas circunstancias bastante fortuitas para Martín Lutero en 1519. Ese año murió el emperador del Sacro Imperio, Maximiliano, y comenzó la contienda para que el colegio electoral del Sacro Imperio Romano declarara un nuevo emperador. Mientras tanto, el mini-gobernante del lugar donde residía Lutero —el príncipe Federico III, elector de Sajonia— era un hombre que estaba decidido a mantener el reino bajo su control y totalmente libre de la interferencia romana.

La Universidad de Wittenberg, en la que Lutero enseñaba, era también un lugar de extrema importancia para la región, y Lutero era un valioso miembro de la facultad. Por ello, Federico III no iba a permitir que los poderosos de Roma se llevaran a Lutero sin más.

Por el contrario, Federico se mantuvo firme en que Lutero, como teólogo alemán, debía ser juzgado por un tribunal alemán.

El papa León X, por su parte, no estaba dispuesto a tentar la suerte en el asunto, ya que dependía del elector Federico en lo que respecta al voto electoral. Lutero, mientras tanto, dependía de la protección de este valioso elector. Con esta seguridad siguió debatiendo con el clero católico.

Uno de los debates más famosos tuvo lugar en junio de 1519, cuando Lutero se dirigió a Leipzig para enfrentarse a Johann Eck, un fiel miembro de la Iglesia católica romana. Eck era considerado un teólogo inteligente y estimado entre sus pares, pero Lutero se refirió a él como nada más que una "pequeña bestia hambrienta de gloria". En su debate con Eck, Lutero subrayó que la doctrina cristiana no debía estar dirigida por la supuesta infalibilidad del papa, sino por la Biblia, o como decía Lutero, "la palabra infalible de Dios".

Eck fue bastante beligerante en sus intentos de rebatir las afirmaciones de Lutero, pero insistió dogmáticamente en que era una herejía cuestionar la fidelidad al papa. Lutero, sin embargo, se apresuró a señalar que la Iglesia primitiva (como en los días de los apóstoles y poco después) no tenía ninguna autoridad papal que seguir, y la Iglesia ortodoxa griega, que se había separado de la Iglesia católica desde el Gran Cisma, tampoco seguía ya las directrices del papa. Lutero utilizó estos dos precedentes para reforzar su afirmación de que el papa no debía ser la autoridad absoluta en materia de fe.

Lutero aún no había roto oficialmente con el papa; solo subrayaba la necesidad de poder cuestionar las directrices papales. Aun así, en comunicaciones más privadas, Lutero había llegado a especular abiertamente que tal vez el papa era "el propio Anticristo". Lutero no estaba preparado para la magistral actuación del avezado polemista Johann Eck. El discurso de Lutero fue apresurado, y se dice que parecía agitado e incluso un poco desquiciado durante todo el encuentro.

El público tampoco pareció muy satisfecho cuando Lutero comenzó a sugerir que el purgatorio podría no ser bíblico después de todo, aunque teólogos como Eck estaban más que dispuestos a señalar escrituras específicas para reforzar su interpretación. Pero el momento en que Eck se desahogó realmente con Lutero fue cuando mencionó a Juan Huss, un reformador que vivió unos 100 años antes y que fue quemado en la hoguera por sus creencias. Probablemente, Eck sacó a relucir a Huss para asustar a Lutero y recordarle lo que podría ocurrirle si persistía.

Sin embargo, Lutero se negó a retroceder y comentó que Huss podía tener mucha razón en algunas de sus afirmaciones. Uno puede imaginarse el grito ahogado de los asistentes. Esta era la trampa que Eck había tendido a Lutero, y no dudó en aprovecharla. Tan pronto como tuvo a Lutero identificándose con un hereje confirmado, fue fácil para Eck pintar a Lutero como uno e igual.

Poco después de su compromiso con Johann Eck, las universidades locales comenzaron a actuar contra Lutero, y muchas de ellas quemaron sus escritos y se pronunciaron contra él. Pero Martín Lutero demostró ser un político tan astuto como un teólogo. Mientras se alentaba al clero a condenar a Lutero, éste se ponía en contacto con todos los principales actores políticos de la región y avivaba su sentimiento de nacionalismo, en oposición a lo que se percibía como una injerencia extranjera.

Sí, por mucho que Martín Lutero fuera un reformador religioso, en muchos sentidos, también era un nacionalista alemán que denunciaba la injerencia extranjera de Roma. Como tal, no dudó en aprovechar la vena independiente de las autoridades alemanas para animarlas a ayudarle en su reforma de la iglesia. Les informó de que la Biblia llama a todos los cristianos a actuar y dejó claro que no necesitaban esperar las directrices papales de Roma para hacerlo.

Como es de imaginar, la Iglesia católica no se tomaría a bien estas cosas. Para el siguiente verano de 1520, el papa emitió una bula (edicto oficial) en la que las filosofías de Martín Lutero eran calificadas de "virus venenoso". El papa destacó lo que percibía como cuarenta errores diferentes en la ideología de Martín Lutero y le dio sesenta días para presentarse ante el Vaticano para responder a estos supuestos errores o arriesgarse a ser excomulgado de la iglesia.

Sin embargo, Martín Lutero no se inmutó ni se amilanó en absoluto. Sesenta días después, en lugar de presentarse a Roma, Lutero y sus seguidores encendieron una hoguera en la que quemaron literatura católica romana, incluida la misma bula papal que le habían enviado. Mientras Lutero arrojaba la bula papal al fuego, se dice que declaró con respecto al papa: "Porque has confundido la verdad de Dios, hoy el Señor te confunde a ti. ¡Al fuego contigo!".

El papa finalmente respondió a este desafío emitiendo otra bula papal el 3 de enero de 1521, que excomulgaba oficialmente a Martín Lutero, así como a los que le seguían. Se le acusó de tener una mente depravada y de ser el líder de una "secta perniciosa y herética". En el pasado, una condena de este tipo habría llevado a los culpables de las transgresiones a Roma para enfrentar el castigo, pero Lutero siguió siendo protegido por el gobernante local, Federico III.

En lugar de ser extraditado a Roma, se le pidió a Lutero que se presentara en la siguiente reunión programada de la Dieta Imperial, que tendría lugar en una ciudad llamada Worms. Esta reunión sería presidida por el recién elegido emperador del Sacro Imperio, Carlos V. Esto le garantizaba a Lutero un pasaje seguro al foro, pero aún existía el riesgo de que fuera capturado clandestinamente por fuerzas que trabajaban para el Vaticano y llevado a enfrentarse con el papa.

El propio Martín Lutero sabía muy bien el riesgo que corría al acudir a la Dieta de Worms, pero decidió que debía mantenerse firme a pesar de todo. Expresó su sentimiento a un confidente suyo de la época diciendo: "Si Dios no quiere preservarme, entonces mi cabeza es de poca importancia comparada con Cristo". Lutero pensó que, si Dios quería que él y su obra continuaran, su seguridad estaría garantizada. Si no, entonces no tendría mucha importancia a largo plazo. Armado con nada más que su fe, Martín Lutero estaba listo para la batalla.

Capítulo 4 - La Dieta de Worms y la guerra de las palabras

"Debemos hacer una gran diferencia entre la Palabra de Dios y la palabra del hombre. La palabra de un hombre es un pequeño sonido, que vuela en el aire, y pronto se desvanece. Pero la Palabra de Dios es más grande que el cielo y la tierra. Sí, más grande que la muerte y el infierno. Porque forma parte del poder de Dios, y perdura eternamente".

- Martin Lutero

Antes de ser convocado a presentarse ante la Dieta Imperial de Worms para ser interrogado, la seguridad de Martín Lutero había sido asegurada por su benefactor local, el elector de Sajonia. En principio, estaba a salvo en los estados alemanes del Sacro Imperio Romano Germánico, pero llegar a Worms seguía representando un cierto riesgo, hecho que fue señalado por el emperador del Sacro Imperio Romano Germánico al ordenar la incautación de ciertos textos que Lutero había escrito. Al parecer, el nuevo emperador trataba de ir sobre seguro para que el papa no pensara que estaba siendo amistoso con un conocido hereje.

Lutero compareció ante la Dieta el 17 de abril de 1521. El poder de la creciente celebridad de Lutero quedó demostrado una vez más en este evento. Se dice que la población de la ciudad de

Worms se duplicó debido a la afluencia de espectadores que simplemente deseaban echar un vistazo al hombre que había suscitado tanta controversia.

Sin embargo, a diferencia de sus otros compromisos notorios, Lutero no estaba allí para debatir. Durante la Dieta de Worms, se esperaba que Lutero solo hablara cuando se le hiciera una pregunta directamente. Cuando se le presentaron sus propias obras escritas, por ejemplo, se le preguntó: "¿Son estos sus libros?". Y cuando Lutero confirmaba que lo eran, se le preguntaba si quería renunciar a lo que había escrito, a lo que, por supuesto, Lutero se negaba.

Lutero sabía que esto iba a ocurrir y, de hecho, había bromeado con uno de sus amigos de antemano comentando: "Esta será mi retractación en Worms: 'Antes dije que el papa es el vicario de Cristo. Me retracto. Ahora digo que el papa es el adversario de Cristo y el apóstol del Diablo'". En otras palabras, en lugar de disculparse y retractarse de sus comentarios anteriores, Lutero pretendía redoblar la apuesta.

A pesar de su bombo y platillo antes de su llegada, una vez sentado ante los altos miembros del clero, Lutero pareció perder momentáneamente su valor. Con voz temblorosa y malhumorada, Lutero pidió que le dieran un poco de tiempo para considerar las consecuencias. Ecken y sus colegas discutieron entonces el asunto y, aunque en contra del buen juicio de Ecken, llegaron al consenso de que se le diera a Lutero un tiempo para reflexionar. De hecho, le dieron un día entero, despidiendo al monje y ordenándole que volviera al día siguiente. Lutero se encontraba en una encrucijada y luchaba contra su propia voluntad. El futuro de la Reforma, mientras tanto, dependería de lo que él decidiera hacer a continuación. Después de que se le permitiera consultarlo con la almohada, Lutero regresó efectivamente a la dieta al día siguiente, el 18 de abril. Esta vez, fue llevado a una sala mucho más grande que permitió que se reuniera una mayor multitud para ver el evento principal. Lutero fue sometido de nuevo a varias rondas de interrogatorios, pero esta vez estaba notablemente más tranquilo y parecía estar mucho mejor preparado para la ocasión. Se mantuvo firme en sus enseñanzas anteriores, explicando que su trabajo se dividía en tres categorías. Una categoría era su comentario a las Escrituras, otra su crítica a lo que él percibía como errores del Vaticano, y la tercera eran sus escritos dirigidos a los que discutían su teología.

El mayor fundamento que daría Lutero era admitir que algunos de sus tratados que criticaban a miembros individuales del clero podían haber ido un poco lejos en su naturaleza vitriólica. Pero, aunque su elección de palabras podía ser un poco sensacionalista a veces, sostenía que su intención era buena y que las obras en sí no debían ser prohibidas. Lutero defendía su obra, aunque reconocía sus propios rasgos de carácter defectuosos, admitiendo: "No me erijo en santo".

Lutero sostenía que solo utilizaba ese lenguaje exagerado para hacer entender su punto de vista cuando consideraba que otros debían ser corregidos. Además, insistió en que no podía retractarse de sus escritos anteriores porque realmente creía que el papa necesitaba ser corregido de su idolatría y tiranía. Luego desafió a sus interrogadores sugiriendo que, si podían probar que sus escritos contradecían las Escrituras, él sería el primero en "arrojarlos a las llamas".

Sin embargo, el objetivo principal de este supuesto juicio no era tanto entender las creencias de Lutero como conseguir que se retractara de ellas. A sus interrogadores no les impresionó en absoluto su interpretación de las Escrituras o de la filosofía. Ecken, cansado de las largas respuestas de Lutero, en un momento dado le informó sin rodeos de que "dudaba de que Lutero hubiera descubierto algo nuevo en el cristianismo después de quince siglos de historia".

A pesar de lo conflictivo de todo este episodio, hacia el final de su interrogatorio, Lutero trató de dar un tono más conciliador sugiriendo que agradecía la vigorosa discusión que sus palabras habían provocado. Declaró: "Debo decir que para mí es un espectáculo gozoso ver que surgen pasiones y conflictos en torno a la Palabra de Dios. Porque así es como actúa la Palabra de Dios. Como dijo el Señor Jesús, 'no he venido a enviar la paz, sino la espada'". Sin embargo, las palabras de Lutero no gustaron a su interrogador, Johann von der Ecken, quien llegó a acusar a Lutero de arrogante insolencia en sus comentarios.

Ecken volvió a exigir a Lutero que dijera si tenía intención de retractarse o de mantener sus afirmaciones. Al cabo de un momento, Lutero emitió su respuesta. En palabras que pasarían a la historia, declaró con firmeza: "A menos que me convenzan las Escrituras y la simple razón —no acepto la autoridad de papas y concilios, pues se han contradicho entre sí—, mi conciencia es cautiva de la Palabra de Dios. No puedo y no me retractaré de nada, porque ir en contra de la conciencia no es ni correcto ni seguro. Aquí estoy. No puedo hacer otra cosa. Que Dios me ayude. Amén".

Ecken criticó a Lutero por pretender ser más sabio que todos los maestros de la iglesia y tener un mejor conocimiento de la Biblia que ellos. El emperador del Sacro Imperio, Carlos, tampoco estaba muy impresionado. Aunque le garantizó a Lutero una salida segura del foro, el emperador hizo saber su descontento. Emitió un edicto oficial en el que declaraba que Lutero debía ser "tenido en detestación como miembro separado de la Iglesia de Dios, autor de un cisma pernicioso, hereje manifiesto y obstinado".

Tal decreto ponía a Lutero en una posición muy precaria, ya que cualquiera en la calle que estuviera dispuesto a actuar contra él parecería tener ahora el pleno respaldo no solo de la Iglesia católica, sino también del Sacro Emperador Romano. El emperador romano había garantizado el paso seguro de Lutero, por lo que no podía simplemente hacer que una de sus tropas matara a Lutero, pero nada impediría que un transeúnte cualquiera hiciera el trabajo sucio por él. Por lo tanto, al salir de la Dieta de Worms, Lutero tuvo que estar en guardia para que no fuera capturado por algún fanático católico empeñado en vengarse del papa.

Lutero no sería asaltado durante su viaje de regreso a Wittenberg. En cambio, sería interceptado por emisarios de su protector, el elector de Sajonia. Estos hombres escenificaron un secuestro para poner a Lutero directamente bajo su custodia. Lutero fue retenido en el castillo de Wartburg (torre de vigilancia, en alemán), donde, bajo el cuidado de su poderoso amigo, se puso a trabajar en la traducción de la Biblia al alemán, una traducción en la que Lutero relegaría más tarde los libros tradicionales que consideraba menos inspirados, como el libro de Santiago, Hebreos e incluso el texto profético del Apocalipsis, a un apéndice en la parte posterior.

Sin embargo, lo más importante para el movimiento fue su decisión de prescindir de libros del Antiguo Testamento como el libro de los Macabeos, ya que era de este libro de donde la Iglesia católica señalaba versos que parecían justificar sus conceptos tanto del purgatorio como de las indulgencias. Las Biblias protestantes posteriores seguirían omitiendo los Macabeos, pero irían en contra de la directriz de Lutero de minimizar la importancia de libros como Santiago, Hebreos y Apocalipsis, permitiéndoles permanecer intactos.

Aislado en el castillo de Warburg, Martín Lutero se dejó crecer el pelo, se vistió de caballero y se hizo llamar "Junker Jorg", o "Caballero Jorge". Mientras tanto, en la Universidad de Wittenberg, los seguidores de Lutero intentaban continuar la reforma que éste había iniciado. A la cabeza de este grupo de jóvenes eruditos estaba un joven llamado Felipe Melanchthon.

Felipe trató de mantener su posición en el movimiento de la Reforma, pero al final se vio demasiado abrumado por las fuerzas más conservadoras y fue silenciado. Pero, afortunadamente para el movimiento, uno de los colegas de Felipe, un tal profesor Andreas Karlstadt, se armó de valor para continuar. Fue Karlstadt quien empezó a tomar algunas de las ideas de Lutero y a ponerlas en práctica, como, por ejemplo, abstenerse de usar las vestimentas tradicionales de un sacerdote al dirigir la misa.

Karlstadt también pondría en práctica más tarde (y de forma bastante dramática) otra de las objeciones de Martín Lutero a la tradición católica al retirar su voto de celibato y casarse con una joven llamada Anna von Mochau, con la que se casó en enero de 1522. Aunque él mismo seguía siendo un monje célibe en ese momento, Lutero se opuso a la idea de que los sacerdotes debían ser célibes. Lutero había declarado que tales votos hechos por el hombre eran un "vano intento de ganar la salvación" y que, en última instancia, eran ilegítimos y falsos.

Con su matrimonio con Anna von Mochau, Karlstadt demostró que estaba de acuerdo con la opinión de Lutero. El propio Martín Lutero acabaría casándose también. Se pueden entender las críticas posteriores a Lutero por parte de la Iglesia católica, que consideraban que era simplemente un monje lujurioso que quería casarse. Pero esto, por supuesto, pasa por alto los defectos fundamentales que Lutero veía en la enseñanza de la iglesia en ese momento. Lutero no quería simplemente romper la tradición y hacer lo que le diera la gana: tenía serios problemas con las enseñanzas de la Iglesia católica.

Aunque inicialmente Lutero solo quería reformar la Iglesia católica, la Reforma tomaría una forma militante que difícilmente podría haber imaginado. Al principio de su estancia en el castillo de Wartburg, se enteró de la aparición de varias divisiones doctrinales y sectas. Los enfrentamientos teológicos creaban tensiones no solo para el clero, sino también para los dirigentes políticos locales, ya que la agitación de las sectas a favor y en contra de la Reforma era a menudo tan volátil que rozaba la violencia.

El príncipe Federico, protector personal de Martín Lutero, temía que la situación se volviera demasiado caótica como para poder mantener el gobierno. Lutero llegó a expresar su alarma por lo que estaba ocurriendo. En un momento dado, escribió sus pensamientos, afirmando: "He estado esperando que Satanás atacara este punto sensible, pero decidió no utilizar a los papistas. Ahora está haciendo esfuerzos en y entre nosotros, los evangélicos, para producir el peor cisma imaginable. Que Cristo lo pisotee rápidamente".

Martín Lutero parecía creer que las fuerzas caóticas que ayudó a desatar eran de alguna manera de influencia satánica. Al enterarse de la agitación, Lutero ya no podía quedarse de brazos cruzados y, a pesar del riesgo que suponía para su bienestar personal, abandonó su exilio en el castillo de Wartburg y se dirigió de nuevo a la Universidad de Wittenberg en la primavera de 1522.

A su regreso a Wittenberg, Lutero se dedicó a intentar restablecer una apariencia de paz. Pronunció varios sermones, conocidos como sus "Sermones de Invocación", llamados así porque comenzaban en el Domingo de Invocación, el primer domingo de Cuaresma. En sus observaciones, Lutero dejó claro que creía que algunos de sus seguidores estaban llevando las cosas demasiado lejos. Subrayó que la reforma debía ser un proceso gradual y lento, y no un cambio revolucionario absoluto. Lutero sostenía que los cristianos debían ser guiados lentamente para salir de las viejas costumbres de la iglesia. Como dijo: "Nadie debe ser arrastrado hacia ella [la Iglesia católica] ni alejado de ella por los pelos, pues no puedo conducir a nadie al cielo ni golpearlo con un garrote".

En este momento, Lutero se encontró en desacuerdo con su antiguo aliado Karlstadt, a quien inmediatamente prohibió el púlpito y denunció como un "espíritu rebelde, asesino y sedicioso".

Karlstadt parece haber llevado las reformas de Lutero demasiado lejos y demasiado rápido para su autor. Karlstadt, sin inmutarse por la reacción de Lutero, se apresuró a tachar a éste de ser nada más que un reformista de medio pelo que no era mejor que el papa.

Además, Lutero no está de acuerdo con las reformas que Karlstadt intenta llevar a cabo. En especial, Lutero desprecia la decisión de Karlstadt de suprimir el bautismo de niños. Lutero había aprendido hace mucho tiempo, como monje agustino, que todos nacen con la mancha del pecado original y creía que el bautismo infantil era necesario para eliminarla. Lutero se aferraría a esta creencia durante el resto de su vida, y en lo que respecta al menos a esta antigua práctica de la iglesia, desafió a cualquier reformador que intentara omitirla.

Martín Lutero se enfrentó a Karlstadt con uñas y dientes por esta y otras muchas cuestiones. A costa de un antiguo amigo y aliado, Lutero se reafirmó como líder del movimiento. Bajo la mano mucho más firme de Lutero, la situación en Wittenberg volvió a estar bajo control. Pero muy pronto, los temblores de la Reforma abrirían nuevos caminos más allá, y ni siquiera la hábil oratoria de Martín Lutero sería capaz de contenerla tan fácilmente.

En Suiza, por ejemplo, surgió un destacado rival en la forma de un predicador suizo llamado Ulrico Zuinglio. En 1522, durante la Cuaresma, Zuinglio rompió la tradición a lo grande al organizar una reunión en la que los feligreses comían salchichas. Esto podría sonar casi gracioso hoy en día, pero en aquel momento fue un gran problema, ya que rompió la estipulación tradicional de no comer carne antes de la Pascua.

Reformadores como Zuinglio aprovecharon el sentimiento popular local en el que la gente (los pueblos germánicos, especialmente) deseaba anular algunas de las prácticas impuestas por la Iglesia católica romana y recuperar las tradiciones culturales locales. Iban a comer salchichas tanto si el papa les condenaba por ello como si no. Lutero fue sin duda el inspirador de este repentino desafío.

Otro vástago directo de la Reforma que había iniciado Lutero fue un predicador local llamado Thomas Müntzer. Müntzer había sido un seguidor de Lutero que se interesó tempranamente por sus enseñanzas. De hecho, fue Lutero quien había instalado a Thomas Müntzer como sacerdote en Zwickau en 1520. Sin embargo, Thomas deseaba avanzar a un ritmo mucho más rápido que Lutero, y en consecuencia se encontró en desacuerdo tanto con Lutero como con la Iglesia católica.

Debido a la discordia surgida, Thomas Müntzer no tardó en dar la espalda a Lutero. Comenzó a criticar a Lutero por no aceptar su visión profética. Sintiendo que Lutero era un poco demasiado cómodo para ser el líder religioso revolucionario que el pueblo necesitaba, Müntzer comenzó a burlarse de Martín Lutero, llamándolo "Hermano Cerdo Engordado" y "Hermano Vida Blanda".

No solo eso, Müntzer comenzó a abogar por el derrocamiento violento de aquellos que, en su opinión, no hacían lo suficiente para reformar la Iglesia católica. En un momento dado, Thomas Müntzer declaró sin reparos: "Los ángeles que afilan sus hoces para el corte son los fervientes servidores de Dios que cumplen con el celo de la sabiduría divina". Fue este reformador radical —Thomas Müntzer— y su militancia lo que finalmente llevaría a una guerra total.

Capítulo 5 - La Reforma se calienta

"Si alguien intentara gobernar el mundo por medio del Evangelio y abolir toda ley temporal y blanda la espada con el argumento de que todos están bautizados y son cristianos, y que, según el Evangelio, no habrá entre ellos ni ley ni espada, ni necesidad de ninguna de ellas, dígame, amigo, ¿qué estaría haciendo? Estaría soltando las cuerdas y las cadenas de las fieras salvajes y dejándolas morder y destrozar a todo el mundo, mientras insiste en que son criaturas inofensivas, mansas y gentiles; pero yo tendría la prueba en mis heridas. De la misma manera, los malvados, bajo el nombre de cristianos, abusarían de la libertad evangélica, llevarían a cabo sus bribonadas e insistirían en que eran cristianos no sujetos a la ley ni a la espada, como algunos ya están delirando y despotricando".

- Martin Lutero

El reformador radical, Thomas Müntzer, deseaba llevar a cabo un cambio mucho más rápido de lo que le hubiera gustado a Martín Lutero. El antiguo alumno tachó a Lutero de blando y le exigió que desarrollara una postura más agresiva contra la enseñanza católica. Para castigar esta supuesta blandura, Müntzer escribió el tratado "Una defensa y respuesta muy provocada a la carne sin espíritu y blanda de Wittenberg, que ha ensuciado lamentablemente el penoso cristianismo de forma pervertida con su robo de las Sagradas Escrituras".

Thomas Müntzer, por su parte, abogaba por la violencia y la destrucción abiertas, lo que dio lugar a amplios disturbios en los que se atacó tanto a las iglesias como al clero. En 1524, Müntzer se dirigió a la ciudad de Mühlhausen, en la región de Turingia, donde se reunió con un ferviente reformador llamado Heinrich Pfeiffer y elaboró una lista de demandas llamada los "Once artículos de Mühlhausen", en la que ambos intentaban presionar al gobierno local para que se ajustara mejor a su interpretación de lo que llamaban la verdad bíblica.

Las presiones de Müntzer en favor de una reforma revolucionaria acabarían desembocando en las terribles luchas internas de 1525, conocidas como la guerra de los Campesinos. La guerra de los Campesinos fue un levantamiento popular de la clase campesina no solo contra la Iglesia católica, sino también contra toda la nobleza terrateniente; fue tanto una guerra económica y política como religiosa. Los campesinos oprimidos intentaban utilizar las enseñanzas de Martín Lutero contra ciertas normas de la Iglesia católica como motivo para derribar todo el control que el statu quo ejercía sobre ellos.

Este fenómeno aterrorizó a Martín Lutero, que rápidamente trató de distanciarse de él. Poco después de que estallaran los disturbios, Lutero publicó un tratado en el que pedía abiertamente la destrucción de los implicados, refiriéndose a los radicales como nada más que "hordas de campesinos ladrones y asesinos". Se debe recordar que, aunque Lutero se rebelaba contra algunos elementos de la corriente dominante, como la Iglesia católica romana (y quizá el emperador del Sacro Imperio Romano Germánico), contaba con el apoyo de la nobleza alemana. Su aliado número uno, después de todo, era el elector de Sajonia.

Martín Lutero, por tanto, no perdió tiempo en ponerse del lado de las clases altas en este caso e hizo saber que deseaba que los disturbios cesaran inmediatamente. Los deseos de Lutero se cumplirían cuando la revuelta fue aplastada y el propio Thomas Müntzer fue detenido y ejecutado. Müntzer había intentado desencadenar una rebelión mayor en la región de Turingia, pero muchos de los campesinos abandonaron la causa cuando los poderes regionales se unieron a ellos.

De los que decidieron quedarse, unos 6.000 fueron asesinados y otros 600 tomados prisioneros. Entre los prisioneros estaban Thomas Müntzer y Heinrich Pfeifer; ambos fueron torturados y obligados a retractarse. Luego les cortaron la cabeza y los empalaron en picas.

Lutero había comenzado sus protestas contra la Iglesia católica en oposición a la mano dura, pero cuando se trataba de aquellos que eran demasiado radicales para su gusto, consideraba que su aniquilación era bastante justificable. Como expresó en su "Contra las hordas de campesinos ladrones y asesinos", sostuvo: "Es como cuando uno debe matar a un perro rabioso; si no lo golpeas, él te golpeará a ti, y a toda una tierra contigo". Irónicamente, las autoridades católicas, al igual que las protestantes, comenzaron a utilizar las propias palabras de Martín Lutero como justificación para aplastar las rebeliones campesinas de todo tipo inspiradas en la Reforma. Es realmente irónico que Lutero, un hombre que inició el deseo de alejarse de la doctrina religiosa autoritaria, comenzara a denunciar abiertamente a aquellos con los que no estaba de acuerdo, ¡o incluso a aquellos que simplemente estaban en desacuerdo con él!

Esto se indicó cuando, poco después de su publicación de *Contra las hordas asesinas y ladronas de campesinos*, escribió una carta abierta al texto anterior en la que proclamaba ominosamente: "Debo advertir a los que critican mi libro que contengan sus lenguas y tengan cuidado de no cometer un error y perder sus propias cabezas". Evidentemente, Lutero estaba dispuesto no solo a combatir verbalmente a sus oponentes, sino a emplear la fuerza física si era necesario.

En Suiza, mientras tanto, Ulrico Zuinglio estaba haciendo algunas olas importantes. En 1522, había intervenido en una controversia sobre el ayuno durante la Cuaresma. Varios feligreses habían decidido romper la regla de abstenerse de comer carne, y Zuinglio apoyó su decisión. Incluso publicó un tratado al respecto llamado "La libertad de elección en la selección de alimentos".

En esta obra, Ulrico Zuinglio insistió en que "el ayuno era una tradición humana, no un mandato divino, y por lo tanto era una cuestión para la conciencia del cristiano individual, no un asunto que las autoridades debían legislar". Zuinglio también era bastante experto en utilizar las Escrituras para justificar sus argumentos, hasta el punto de que los funcionarios locales decidieron reformar las normas relativas a la Cuaresma si la ortodoxia religiosa no podía encontrar argumentos bíblicos igualmente convincentes para respaldar sus tradiciones.

Después de exponer ingeniosamente por qué los hábitos dietéticos no debían ser controlados por la Iglesia católica, Zuinglio y sus seguidores pasaron a abordar el argumento sobre la veneración de los santos. Zuinglio se opuso a ella. También desafió la práctica católica de imponer el celibato entre el sacerdocio. Zuinglio insistió en que, dado que los primeros líderes de la Iglesia, como el apóstol Pedro, habían estado casados, no había razón para imponer una prohibición general del matrimonio al clero. El argumento era personal para Ulrico Zuinglio, ya que él mismo formaba parte de un matrimonio clandestino, casado con una viuda llamada Anna Reinhart.

Es importante señalar que Martín Lutero también se casó en esa época. Su matrimonio se debió a un episodio bastante dramático en 1523, cuando ayudó a escapar de un convento a una monja llamada Catalina von Bora. Resulta que Catalina no estaba en el convento por decisión propia, sino que fue colocada allí por su padre poco después del fallecimiento de su madre. Su padre volvió a casarse y Catalina se quedó en el convento simplemente por conveniencia de su padre. Al enterarse de la situación de esta infeliz monja, Lutero ayudó a Catalina y a otras once monjas a abandonar el convento que las retenía, sacando a las hermanas del lugar en barriles de arenque.

Tras conseguir su liberación, Martín Lutero puso a Catalina al cuidado de un prominente abogado llamado Felipe Reichenbach. Catalina tenía entonces unos veinte años, y en el siglo XVI las opciones para una mujer joven como Catalina eran bastante limitadas. Dado que a la mayoría de las mujeres no se les permitía ser su propio sostén, la mejor vía de seguridad era el matrimonio. Lutero se encontró en el papel de casamentero, tratando de presentar a Catalina a posibles pretendientes que pudieran darle un hogar.

Sin embargo, todos los pretendientes que le proporcionó Lutero fracasaron. Mientras tanto, Lutero, que en ese momento tenía más de cuarenta años, se enamoró de Catalina. Este creciente afecto culminó con su matrimonio el 13 de junio de 1525. Otros protestantes siguieron el ejemplo de Martín Lutero y Ulrico Zuinglio en lo que respecta al celibato y al derecho de los cristianos a casarse.

En cualquier caso, el tema común de todos los argumentos de Zuinglio era que la Biblia debía ser la autoridad última de la vida cristiana y no la Iglesia católica romana o los gobernantes locales. Este punto de vista, que de hecho estaba a la par con el de Martín Lutero, fue claramente explicado en La claridad y la certeza de la Palabra de Dios de Ulrico Zuinglio. De manera similar a Martín Lutero, también pronunció tesis. Sí, al igual que Lutero había repartido sus noventa y cinco tesis, Zuinglio elaboró sus propios sesenta y siete artículos, en los que se extendía para explicar en qué aspectos consideraba que la Iglesia necesitaba una reforma seria.

Fue en 1525 cuando Zuinglio y sus seguidores lograron un gran éxito cuando el consejo local de la ciudad de Zúrich decidió abolir formalmente el requisito de la misa, permitiendo a los ciudadanos realizar los servicios de comunión a su manera y, lo que es más importante, en su propio idioma. En lugar del latín, que la mayoría de los suizos no entendía, los servicios podían celebrarse ahora en alemán. Ulrico Zuinglio había logrado una reforma significativa por medios pacíficos, incluso mientras la revuelta campesina de Müntzer se hundía.

Pero los esfuerzos de Zuinglio no serían incruentos. El primer signo importante de discordia en la Reforma de Zuinglio fue cuando un grupo de compañeros reformistas suizos decidió que no quería seguir la tradición católica de bautizar a los niños. Argumentaron que los cristianos del Nuevo Testamento nunca bautizaron a los niños, sino a los adultos. Por lo tanto, determinaron que solo los adultos debían ser bautizados en su época, también. Al igual que Martín Lutero antes que él, Ulrico Zuinglio aparentemente consideró que esta era una posición demasiado extrema.

Zuinglio deseaba mantener la práctica del bautismo que ya tenía la Iglesia católica y se burló de los reformadores del bautismo como "antibautistas", o como se les conocería más tarde, "anabaptistas". Sin embargo, para gran consternación de Zuinglio, la ideología anabaptista empezó a calar en la ciudad suiza de Zúrich, lo que llevó a algunos padres a negarse a bautizar a sus bebés. Cuando los predicadores laicos se levantaron para bautizar o rebautizar a los cristianos adultos, Zuinglio cuestionó los motivos de los instigadores.

En lugar de sentir que sus esfuerzos eran de inspiración divina, Zuinglio llegó a creer que se trataba de simples buscadores de atención que tenían una enorme sed de fama. Las cosas tomaron un giro bastante feo en 1526 cuando el gobierno local trató de frustrar el movimiento declarando que cualquiera que persistiera en desafiar la doctrina oficial de la Iglesia sobre el bautismo sería condenado a morir ahogado. Se dice que esta fue "una forma de castigo elegida deliberadamente para burlarse de la práctica anabaptista".

Aunque Zuinglio había denunciado a los reformadores suizos más radicales, poco después de una gran ofensiva contra los anabaptistas, él también fue cuestionado. Se le pidió que se reuniera nada menos que con Johann Eck, que había cuestionado a Lutero en la Dieta de Worms, para hablar en una disputa similar en la ciudad suiza de Baden. A diferencia de Lutero, que había respondido al desafío que le planteó Eck, Zuinglio se negó, y esta sola negativa bastó para que se le tildara de hereje.

Esto significó que todas las obras escritas anteriormente por Zuinglio fueron consideradas heréticas también. Aunque Zuinglio no era exactamente un militante antes, después de ser condenado como hereje, ciertamente se convertiría en uno. A diferencia de los anabaptistas, que solían sufrir como pacifistas perseguidos, estaba dispuesto a liderar una facción agresiva de reformadores suizos.

Martín Lutero, por su parte, estaba ya tan en contra de Zuinglio como los católicos. En su obra de 1528, titulada *Confesión sobre la Cena de Cristo*, declaró sin reparos: "Considero a Zuinglio un anticristiano, con todas sus enseñanzas, pues no sostiene ni enseña correctamente ninguna parte de la fe cristiana. Es siete veces peor que cuando era papista". Estas fueron palabras bastante duras de un hombre que había sido tan severamente perseguido por sus propias creencias.

Zuinglio finalmente encontró su fin el 11 de octubre de 1531, cuando un ejército católico se levantó contra él y sus reformadores en Zúrich. Se dice que el propio Ulrico Zuinglio murió en el campo de batalla con una espada en la mano, haciendo honor a la advertencia de Jesús de que "los que viven por la espada" seguramente también "morirán por la espada". Se dice que las tropas católicas que se encontraron con Zuinglio herido de muerte intentaron mostrar su misericordia ofreciendo a Zuinglio la oportunidad de participar en los últimos ritos de un creyente católico. Sin embargo, Zuinglio no se había convertido en un reformador para dar marcha atrás en el último momento. En cambio, Ulrico Zuinglio se negó y recibió un golpe mortal con una de las espadas de la tropa. Como insulto final, se dice que luego quemaron su cuerpo e hicieron que sus cenizas fueran esparcidas sobre los excrementos de los cerdos. Fue realmente un final terrible para este aspirante a reformador. En el apogeo de sus esfuerzos reformadores, Zuinglio había previsto la creación en Suiza de toda una confederación cristiana en la que se pudiera establecer una iglesia reformada. Sin embargo, su muerte logró aplastar su floreciente movimiento en Zúrich. Con la muerte de Ulrico Zuinglio, Martín Lutero quedó como el reformador de medio pelo más conocido.

Capítulo 6 - De los melquioritas a los menonitas: otras tendencias de la reforma

"Los eruditos han argumentado que sin el humanismo la Reforma no podría haber tenido éxito, y ciertamente es difícil imaginar que la Reforma se produjera sin el conocimiento de las lenguas, el manejo crítico de las fuentes, los ataques satíricos a los clérigos y a los escolásticos, y el nuevo sentimiento nacional que proporcionó una generación de humanistas. Por otra parte, el éxito a largo plazo de los humanistas debía algo a la Reforma. En las escuelas y universidades protestantes la cultura clásica encontró un hogar permanente".

- Steven Ozment

Mientras Martín Lutero mantenía el rumbo en Wittenberg, seguían surgiendo sectas más radicales a su alrededor. En 1533, los Países Bajos vieron surgir un movimiento breve, pero increíblemente dramático, bajo el liderazgo de un peletero alemán llamado Melchor Hoffman. Conocido como melquiorismo, este movimiento reformista predicaba una visión apocalíptica del "inminente regreso" de Cristo.

En un momento dado, Hoffman llegó a creer a un compañero visionario profético que le informó de que Cristo volvería una vez que Melchor fuera arrestado y encarcelado. Es difícil entender cómo su arresto podría desencadenar la Segunda Venida, pero Melchor parecía ser un entusiasta partidario de la noción, y como tal, se esforzó por cumplir la profecía siendo arrestado antes de que terminara el año.

La profecía original afirmaba que Cristo volvería después de que Melchor fuera encarcelado durante seis meses. Pero, por lo que se sabe, Cristo no regresó en 1533, y en lugar de ser liberado tras seis meses, Melchor murió en prisión varios años después. Después de que Melchor quedara fuera de juego, el siguiente líder de los llamados melquioritas fue un hombre llamado Jan Matthys. Bajo el liderazgo de Jan Matthys, los melquioritas establecieron una base en la región de Westfalia (noroeste de Alemania), en la ciudad de Münster.

Los anabaptistas también acudían cada vez más a la ciudad y comenzaron a llamarla su "Nueva Jerusalén". No pasó mucho tiempo antes de que las tensiones entre los seguidores de Lutero, los melquioritas, los anabaptistas, los católicos y otros se volvieran increíblemente tensas. Se sospechaba que los seguidores de Martín Lutero —los luteranos— estaban aliados con las autoridades católicas, y los anabaptistas y melquioritas comenzaron a temer que los luteranos enviaran a las tropas católicas para aniquilarlos.

Las cosas llegaron a un punto crítico cuando los anabaptistas, bajo el liderazgo de un tal Hermann Redeker, convergieron en masa en el ayuntamiento, blandiendo espadas. El obispo católico local envió una pequeña milicia para enfrentarse a los reformistas, y la demostración de fuerza los convenció de pedir la paz. Sin embargo, tan pronto como se declaró la tregua, el melchorita Jan Matthys entró en escena y restableció su propia base de poder. Se dice que Matthys llegó a ser tan influyente en la ciudad que convenció a las autoridades municipales para que persiguieran y encarcelaran a sus rivales.

Sin embargo, el reinado de Jan llegó a su fin cuando, tras tener un sueño en el que salía victorioso contra el ejército católico, se enfrentó a las tropas católicas, que despacharon fácilmente al celoso reformador. Tras la muerte de Jan Matthys, otro melquiorita, un hombre llamado Jan van Leiden, se hizo cargo del movimiento de Münster. Jan van Leiden ejercía una enorme influencia sobre el consejo de la ciudad de Münster, hasta el punto de que llegó a conseguir la destitución del consejo de la ciudad.

Luego, en el otoño de 1534, van Leiden declaró sin reparos que Münster era una teocracia bajo su dirección. Este reformista radical declaró que se le había otorgado poder sobre emperadores, reyes, príncipes y todo el poder de la Tierra. En su viaje de poder, Jan van Leiden pretendía compararse con el rey David o el rey Salomón, gobernando una ciudad-estado religiosa. Sus seguidores más fieles trataron de confirmar esta pretensión de autoridad emitiendo una predicción según la cual su supuesto rey Jan acabaría apoderándose de la Tierra en su totalidad y eliminando a sus rivales.

Es difícil creer que los llamamientos iniciales de Lutero a la reforma pudieran conducir a desarrollos tan radicales, y el propio Lutero estaba quizás más aturdido por este desarrollo que nadie. Lutero esperaba crear un frente protestante unido, pero acabó enfrentándose a la realidad de que su ruptura con la Iglesia católica había provocado que otros se alzaran para impulsar sus propias y singulares interpretaciones de las Escrituras, que eran tan contrarias como inspiradas en sus propias enseñanzas.

Martín Lutero debió darse cuenta de que la gran fuerza de la Iglesia católica era su tenaz búsqueda de la uniformidad, ya que ahora tenía que soportar el surgimiento de una variedad aparentemente interminable de facciones y denominaciones. Lo máximo con lo que pudo conformarse Lutero fue con su propia marca protestante, que se conoció como luteranismo, para llevar la antorcha de sus enseñanzas. Sin embargo, lo más irritante fue el hecho de que Lutero, que inicialmente fue perseguido por la Iglesia católica por desviarse de la doctrina oficial de la Iglesia, se vio obligado a fomentar la persecución de las sectas rivales que había considerado peligrosamente heréticas.

Alentó el aplastamiento de la rebelión de los campesinos, de los anabaptistas y de muchos otros que le molestaban ideológicamente. Al ser un controlador autoritario de lo que consideraba la doctrina correcta, ¿se estaba convirtiendo Lutero en lo mismo que odiaba cuando se rebeló contra los católicos romanos en primer lugar? Sin embargo, para Lutero era preferible la mano dura que tener que lidiar con algunos de los resultados más radicales de la Reforma.

El ya mencionado rey Jan, por ejemplo, había comenzado a dirigir la ciudad de Münster como un dictador. Otros protestantes consideraban que una de las acciones más atroces del rey Jan era el uso de las Escrituras del Antiguo Testamento para justificar los matrimonios polígamos. Gracias al apoyo de Jan van Leiden, estas uniones polígamas fueron de las primeras que vio el mundo cristiano. El rey Jan no solo permitía el matrimonio polígamo, sino que imponía beligerantemente la práctica cuando los miembros de la iglesia se oponían.

Una mujer, por ejemplo, se opuso a que su marido tuviera más de una esposa y fue ejecutada. Se sabe que el rey Jan incluso ejecutó a una o dos de sus esposas por motivos similares. Según el erudito y escritor de la Reforma Andrew Atherstone, cuando todo estaba dicho y hecho, los pobres "ciudadanos de Münster vivían con un miedo abyecto bajo este reino de terror melchioriano".

Con una anarquía tan absoluta estallando en ciertos círculos de la Reforma, Lutero no vio ninguna alternativa clara a este caos, excepto combatir enérgicamente las opiniones que consideraba heréticas. En cuanto al rey Jan, su supuesto reinado tiránico llegó a su fin el 25 de junio de 1535, cuando las tropas católicas se adelantaron para aplastar otra insurrección protestante. Se dice que las calles de Münster quedaron sembradas de cadáveres e inundadas de sangre.

¿Y el rey Jan? Él, como tantos otros reformistas radicales, pagó el precio definitivo: fue llevado al "mercado de Münster". Este era el tipo de lugar en el que uno podía encontrar a un carnicero en un puesto cortando trozos de carne fresca para clientes ansiosos. Pero ese día no se descuartizó carne de animal en el mercado, sino que se torturó brutalmente al rey Jan, desgarrándole la carne con pinzas de hierro al rojo vivo.

El dolor debió de ser insoportable, y el rey Jan solo se vio aliviado cuando le cortaron la garganta y le clavaron un cuchillo en el corazón. Después de ser asesinado de esta manera, él y los cuerpos de dos de sus compatriotas fueron colocados en jaulas de hierro y colgados del campanario de la ahora famosa iglesia de San Lamberto de Münster. Aunque los restos mortales de Jan y compañía desaparecieron hace tiempo, las jaulas de hierro siguen suspendidas como una ominosa advertencia hasta el día de hoy.

Después de que esta última cepa militante de anabaptistas fuera puesta a descansar, un grupo pacifista recién bautizado que se conocería como los menonitas echaría raíces. Los menonitas fueron fundados por un antiguo sacerdote católico llamado Menno Simmons. Menno se unió a los melquioritas en 1536, y ascendió al liderazgo del movimiento en 1540. Poco después, sus seguidores dejaron de ser conocidos como melquioritas y pasaron a llamarse menonitas.

Menno se abrió paso por gran parte del norte de Alemania y los Países Bajos, predicando su doctrina sobre el bautismo y el poder de la fe. Pero la gran diferencia entre los menonitas y los melquioritas era el hecho de que a los menonitas se les enseñaba a difundir su mensaje por medios pacifistas. En lugar de tomar el control de los ayuntamientos y tratar de gobernar las comunidades, los menonitas (al igual que los primeros cristianos) simplemente trataban de cambiar los corazones y las mentes de los que les escuchaban, persuadiéndoles mediante la predicación en lugar de la fuerza.

Aunque otros protestantes y católicos seguían sin estar de acuerdo con gran parte de las enseñanzas menonitas, se podría pensar que al menos apreciarían la naturaleza no violenta del movimiento menonita. Sin embargo, el emperador del Sacro Imperio Romano Germánico, Carlos V, se propuso como misión personal acabar con los menonitas e incluso ofreció una recompensa si alguien traía al líder menonita Menno bajo su custodia.

No hace falta decir que los menonitas no tenían los poderosos apoyos políticos que Martín Lutero tenía. Martín Lutero era un verdadero agente de poder en su época y, en muchos sentidos, era visto como una especie de "papa protestante" en la forma en que podía maniobrar eficazmente a través de todas las intrigas entre la Iglesia católica y los grupos protestantes rivales. Y las opiniones de Lutero sobre los menonitas no eran muy alentadoras. Los consideraba herejes cismáticos que condenaban a los niños al infierno, ya que se negaban a realizar el bautismo de niños.

Con los católicos y los luteranos en contra, los menonitas fueron perseguidos de tal manera que, para la mayoría de ellos, la única opción real era huir. La diáspora menonita haría que estos reformistas protestantes viajaran por todas partes. Se encontró una nueva base durante algún tiempo en los Países Bajos, y con el tiempo, muchos más emigrarían a través del océano Atlántico hasta América, donde todavía se pueden encontrar comunidades menonitas. De los melquioritas a los menonitas, esta tradición surgida de la Reforma sigue siendo fuerte.

Capítulo 7 - Comienza la Reforma de Inglaterra

"Ay, ¿cómo pueden las pobres almas vivir en concordia cuando vosotros, los predicadores, sembráis entre ellas en vuestros sermones el debate y la discordia? Buscan en vosotros la luz y las tinieblas. Enmendad estos crímenes, os exhorto, y exponed la palabra de Dios con verdad, tanto por medio de una verdadera predicación como dando un buen ejemplo, o de lo contrario yo, a quien Dios ha nombrado su vicario y alto ministro aquí, veré extinguir estas divisiones, y corregir estas enormidades".

- Rey Enrique VIII

Mientras la Reforma se desarrollaba en el continente europeo, al otro lado del canal de la Mancha, un rey británico llamado Enrique VIII prestaba mucha atención a los acontecimientos. Al ver la propagación de la fe protestante por Europa, Enrique vio inicialmente la oportunidad de presentarse como un defensor incondicional del catolicismo contra los nuevos herejes. Y no perdió tiempo en hacerlo.

De hecho, poco después del infame enfrentamiento de Martín Lutero en la Dieta de Worms en 1521, el rey Enrique VIII redactó un "tratado doctrinal" cuidadosamente redactado en el que criticaba las creencias de Martín Lutero. Un sello distintivo de la creencia luterana provenía de la obra de Lutero —*El cautiverio babilónico de la Iglesia*— en la que el reformador sostenía que los únicos dos sacramentos que importaban eran la Cena del Señor y el bautismo.

Enrique se oponía ferozmente a esta afirmación, defendiendo los siete sacramentos estándar de la Iglesia católica. El rey Enrique VIII escribió un texto polémico llamado *Assertio Septem Sacramentorum* (*Defensa de los siete sacramentos*), en el que dejaba muy claras sus creencias sobre este asunto. También hizo evidente su desagrado por Lutero cuando declaró que no era más que "un frailecillo mañoso".

Entre otras cosas, Enrique también describió a Lutero como alguien que "escupe veneno de víbora" y que estaba llevando a todo el rebaño por el mal camino. Todo esto, por supuesto, fue música para los oídos del papa católico romano. Lutero pudo haber asegurado su protección física a través del elector de Sajonia, pero no estaba fuera del alcance del ataque verbal del rey Enrique VIII. El papa estaba tan contento, de hecho, que le otorgó oficialmente al rey Enrique el título de "Fidei Defensor", o "Defensor de la Fe".

La fe oficial de Inglaterra en ese momento, por supuesto, era la religión católica romana. Sí, aunque el rey Enrique acabó iniciando su propia reforma en Inglaterra, en los primeros días de la Reforma Protestante, fue de hecho un defensor de la fe católica. Pero a pesar de que Enrique se erigió en el muro defensivo contra la epidemia del protestantismo europeo, algunas cepas del movimiento se filtraron a las islas británicas.

Las obras de Martín Lutero se traducían a varios idiomas a gran velocidad, y algunas de ellas llegaron a las costas inglesas. Uno de los lugares donde surgieron estas obras teológicas migratorias fue nada menos que Cambridge. Aquí se dice que las obras fueron bien recibidas por los colegas de un tal Thomas Bilney, quien había pasado por su propio periodo de reforma cuando leyó un ejemplar del Nuevo Testamento recién traducido en el que las palabras de San Pablo, que declaraban "que Cristo Jesús vino al mundo para salvar a los pecadores, de los cuales yo soy el peor", le impactaron de lleno.

A Bilney le conmovió la idea de que incluso uno de los mayores santos de la Biblia se considerara a sí mismo uno de los peores. Si incluso Pablo no podía hacer nada para salvarse, esto solo parecía aclarar la enseñanza protestante de que las obras no tienen sentido y que solo se puede salvar a través de la fe. Bilney comenzó a hablar abiertamente de lo que había aprendido con otros en Cambridge, y pronto muchos de sus asociados también se vieron movidos a reconsiderar las enseñanzas católicas.

En esa misma época, un erudito británico llamado William Tyndale comenzó a trabajar en la elaboración de una nueva traducción de la Biblia que no dependiera de la traducción latina de la Iglesia católica, sino de las lenguas originales hebrea y griega en las que fue escrita. Fue un emprendimiento importante, del que se podría pensar que sus compatriotas estarían orgullosos, pero según una ley inglesa llamada Constituciones de Oxford, redactada en 1408, se consideraba ilegal que se hiciera una traducción de este tipo.

Puede parecer un poco extraño que sea ilegal el mero hecho de elaborar una nueva traducción de la Biblia, pero así era. Sabiendo que su trabajo podría meterlo en problemas en Inglaterra, Tyndale salió de Gran Bretaña y se dirigió al patio trasero de Lutero, llegando primero a Colonia y luego a la ciudad de Worms. Fue en Worms donde Tyndale logró terminar su traducción del Nuevo Testamento en su totalidad en 1526.

Con su nueva traducción en la mano, Tyndale aprovechó al máximo la imprenta y comenzó a imprimir varios ejemplares, que llegaron a Gran Bretaña. Es increíble pensar que una Biblia impresa en el propio idioma fuera tan controvertida, pero para la Iglesia católica era un asunto muy serio. Tan pronto como los católicos en Gran Bretaña se enteraron de lo que estaba sucediendo, hicieron todo lo posible para confiscar las nuevas traducciones que llegaban a Gran Bretaña y quemarlas.

Sí, es absurdo pensar en sacerdotes católicos quemando Biblias, pero eso es lo que ocurrió. Tyndale también fue condenado a fondo por el erudito católico, el obispo Tunstall, quien supuestamente estudió el texto traducido de Tyndale y declaró que había unos 2.000 errores en su traducción. Citando estos supuestos errores, el obispo Tunstall exigió que todas las copias de las traducciones de Tyndale fueran encontradas y destruidas para que no llevaran a los fieles por el mal camino.

La traducción de la Biblia de Tyndale estaba, en efecto, en desacuerdo con la traducción latina tradicional de la Iglesia católica. La palabra griega *metanoeo*, que la versión latina entendía como "penitencia", se tradujo al español como "arrepentimiento". Este ligero cambio fue muy significativo, ya que parecía socavar la creencia católica de tener que hacer penitencia, una parte integral de la fe católica. Indignados por estas "traducciones peligrosas", destacados estadistas y el cardenal Thomas Wolsey encabezaron una búsqueda masiva de libros bíblicos y de personas relacionadas con su circulación.

Se quemaron libros y varios fueron a la cárcel en este esfuerzo por acabar con los textos recién traducidos. Entre los detenidos por estas traducciones heréticas se encontraba un erudito británico llamado John Frith. Frith solo fue dejado en libertad tras prometer que se quedaría a menos de diez millas de Oxford. Pero Frith no iba a seguir estas órdenes y, en su lugar, abandonó totalmente Gran Bretaña, estableciéndose en Amberes, donde Tyndale había fijado su residencia.

Fue durante este exilio cuando Frith escribió el importante texto reformador, la *Disputación del Purgatorio dividida en tres libros*, en la que exponía su opinión de que el purgatorio era una enseñanza católica errónea. Tyndale también atacó la doctrina católica con sus propios textos protestantes, en gran parte inspirados en el argumento original de Lutero de que los cristianos se salvan por la fe y no por las obras. Tyndale causó la mayor impresión cuando escribió su obra fundamental, *La obediencia de un hombre cristiano*.

En esta obra, Tyndale dejó claro que creía que la última lealtad del hombre no debía ser a un rey o a un gobierno, sino solo a Dios. A la clase dirigente no le gustó nada esto, ya que creía que la doctrina liberadora de Tyndale extendería la disidencia y la rebelión entre las masas. Sin embargo, Tyndale desvió las críticas señalando que, aunque sostenía que la última lealtad del hombre era a Dios, la Biblia era clara en su directiva de someterse al gobierno local.

Por otra parte, Tyndale criticó a los sacerdotes católicos por lo que consideraba su preocupación por los rituales y la tradición. Se refirió sarcásticamente a su reverencia por "el agua bendita, el fuego bendito, el pan bendito, la sal bendita, las campanas santificadas, la cera bendita, las ramas benditas, las velas benditas y las cenizas benditas", mientras presentaba un aparente desprecio por la Biblia. Sus críticos, en cambio, sostenían que el ciudadano medio no sería capaz de entender las Escrituras si no las filtraba a través de la interpretación oficial sancionada por la Iglesia católica.

Sin embargo, Tyndale no se lo creía y consideraba que la Iglesia católica rozaba el encubrimiento conspirativo al negarse a permitir que el pueblo inglés leyera las Biblias traducidas a su propia lengua. Tyndale afirmaba que Roma mantenía a los fieles británicos en la oscuridad a propósito y declaraba: "Para evitar que conozcamos la verdad, lo hacen todo en latín. Rezan en latín, bautizan en latín, bendicen en latín, dan la absolución en latín: solo maldicen en la lengua inglesa".

En sus ataques al clero, Tyndale también hizo un llamamiento directamente al rey de Inglaterra para que interviniera en la controversia. Utilizando una estrategia similar a la de los reformadores alemanes, Tyndale trató de despertar el sentimiento nacional en el reino contra la intervención de Roma. Pero el rey Enrique VIII, un fuerte crítico de Lutero que acababa de ser honrado por el papa como "Defensor de la Fe", aún no se dejó convencer.

Reflejando los esfuerzos de persuasión de Tyndale, otro reformador británico en el exilio, llamado Simon Fish, escribió un artículo titulado *Súplica para los mendigos*, que presentaba como una queja real de los ciegos, los enfermos y los cojos presentada contra la invasión de Inglaterra por una multitud de eclesiásticos que habían llegado a Gran Bretaña como "lobos voraces". El ampuloso tratado de Fish instaba a expulsar a estos intrusos y a "azotar desnudos a todas las ciudades del mercado".

Pero el rey Enrique estaba de hecho del lado de los católicos de línea dura en este punto, y en lugar de expulsar al clero católico, permitió que sus secuaces hicieran todo lo posible para expulsar a los reformistas protestantes. Ahora bien, los libros no fueron lo único que se quemó, sino que, en muchos casos, los individuos también ardieron. Cuando eran atrapados, los reformistas eran amenazados con ser quemados en la hoguera, y bajo la terrible coacción de la tortura, algunos fueron obligados a retractarse.

Uno de los más famosos que se retractó de sus creencias protestantes bajo esta presión fue Thomas Bilney, que cedió y ofreció una retractación completa en 1527 cuando se enfrentó a Wolsey. Se le perdonó la vida, pero viviría para lamentarlo. Incapaz de volver a su antigua forma de vida, Bilney se derrumbó en 1531 y comenzó a predicar sus opiniones en el campo de Norwich. Allí se encontró con una antigua monja convertida al protestantismo y le entregó un texto traducido del Nuevo Testamento de Tyndale.

Este acto audaz alertó a las autoridades y llevó a Bilney a la hoguera poco después. La ejecución de Bilney pareció desencadenar una oleada de represión de línea dura que duró desde finales de 1531 hasta 1532. La persecución fue tan intensa que, en un momento dado, incluso personas que ya estaban muertas fueron quemadas en la hoguera. Este fue el caso de William Tracy, que dejó clara su lealtad en su lecho de muerte al rechazar la tradición católica y proclamar: "No acepto a nadie en el cielo ni en la tierra como mediador entre Dios y yo, sino solo a Jesucristo".

Esto significó que Tracy negó a la Iglesia católica la posibilidad de realizar sus últimos ritos y murió (aunque por causas naturales) como un hereje a los ojos de la Iglesia. Como ya estaba muerto, la Iglesia tuvo que conformarse con profanar su cadáver para dar ejemplo. Así, su cuerpo fue desenterrado y quemado póstumamente en efigie. Fue durante esta purga de protestantes que John Frith fue finalmente capturado en 1531. Frith fue enviado inmediatamente a la Torre de Londres —esa mazmorra medieval de una celda de detención— para esperar el tribunal de canguro que los católicos llamaban juicio.

Mientras Frith estaba encerrado, Tyndale le escribió palabras de aliento, ensalzando al prisionero: "Tu causa es el evangelio de Cristo, una luz que debe ser alimentada con [la] sangre de la fe. Regocíjate y alégrate, porque grande es tu recompensa en el cielo". Frith fue juzgado poco después, y su principal fiscal fue un tal obispo John Stokesley, que acusó a Frith de no ser más que un "hijo de la maldad y las tinieblas" y de haber cometido las más detestables herejías. Stokesley también argumentó que Frith debía recibir el máximo castigo, para no "infectar el rebaño del Señor con [su] herejía".

Hasta este momento, el rey de Inglaterra, el hombre que había sido aclamado como "Defensor de la Fe" por la Iglesia católica, había apoyado la postura de línea dura contra la Reforma. Pero factores atenuantes en la propia vida del rey —o al menos en su lecho matrimonial— pronto harían que el rey cambiara drásticamente su postura. El rey, que en ese momento estaba casado con la princesa española Catalina de Aragón, estaba desesperado por tener un heredero varón al trono.

Pero, hasta el momento, su esposa solo había tenido una hija, la princesa María. A medida que pasaban los años y se acumulaban los abortos de Catalina, el rey Enrique se convenció de que su esposa no sería capaz de darle un heredero varón. Enrique quería continuar la línea Tudor de la que formaba parte, y sin un hijo no podría hacerlo. Esto lo puso en un terrible aprieto. Comenzó a sentir que su matrimonio estaba maldito. No es una exageración, ya que se tomó a pecho las palabras de la Escritura en el Levítico (20:21). Este versículo de la Escritura aconsejaba que, si un hombre se casaba con la mujer de su hermano, "es una impureza".

El rey Enrique se había casado, en efecto, con la esposa de su hermano —al menos, con su antigua esposa—, ya que era la viuda de su hermano, el príncipe Arturo. Enrique empezó a preguntarse abiertamente si esta supuesta violación del Levítico podía ser la razón de sus problemas para conseguir un heredero varón. Dado que la Iglesia católica prohibía generalmente el divorcio, el rey buscó la manera de anular el matrimonio. Sin embargo, el papa se negó a cumplir los deseos del rey. Esto hizo que el rey tuviera que buscar una alternativa. Después de consultar con el cardenal Wolsey y el legado del papa, el cardenal Campeggio, se le aconsejó que Catalina renunciara a su matrimonio y se uniera a un convento para que Enrique fuera libre de contraer un nuevo matrimonio.

Como es de imaginar, Catalina no estaba muy entusiasmada con la perspectiva de dejar de ser reina para convertirse en monja. Se horrorizó ante lo que se le sugería y envió un llamamiento directo al papa. El rey, mientras tanto, se enfureció al ver que sus asesores no eran capaces de encontrar una solución mejor para él e hizo destituir al cardenal Wolsey. Terminó con un nuevo consejero que había sido un asociado anterior de Wolsey, Thomas Cromwell.

Fue Cromwell quien empezó a conspirar con el rey sobre la posibilidad de utilizar su propio poder para conseguir lo que quería. El argumento presentado a Enrique fue doble. Se determinó que el rey Enrique sí tenía un razonamiento sólido para conseguir una anulación debido a los motivos bíblicos mencionados en el Levítico. En segundo lugar, se argumentó que la autoridad papal no podía mandar al rey. El rey Enrique siempre supo que podía intentar forzar el asunto, pero, apreciando su papel de "Defensor de la Fe", dudaba en enfadar al papa.

Sin embargo, mientras seguía considerando la posibilidad de aumentar sus poderes y disminuir los de Roma, Enrique comenzó a dar su brazo a torcer en lo que respecta a los asuntos teológicos en Inglaterra. En la primavera de 1532, por ejemplo, publicó su "Súplica contra los Ordinarios", en la que argumentaba que, en lugar de que el clero decidiera quién sería acusado de herejía, cualquier queja de este tipo debía dirigirse directamente al rey Enrique.

Esta petición, que llegó tras la gran persecución que se había iniciado a finales de 1531, supuso un tremendo giro en la gestión de la Reforma Protestante por parte de Inglaterra. El rey Enrique no estaba de acuerdo con los protestantes, pero por lo menos estaba haciendo el caso de que cualquier queja contra ellos debería ser llevada a él antes de que el clero católico romano comenzara a encender fósforos y quemar gente en la hoguera.

Sin embargo, al clero católico no le gustó esto y se negó a reconocer el decreto. En el mes de mayo siguiente, esto llevó al rey Enrique a declarar: "Pensábamos que el clero de nuestro reino había sido nuestro súbdito por completo, pero ahora hemos percibido bien que no es más que la mitad de nuestro súbdito, sí, y apenas nuestro súbdito: porque todos los prelados en su consagración hacen un juramento al papa, claramente contrario al juramento que nos hacen a nosotros, por lo que parecen ser sus súbditos, y no los nuestros".

Estas nefastas palabras bastaron para que el clero se pusiera a tono y, poco después, se plegó formalmente al decreto real, comprometiéndose a que sus actos debían ser justificados en lo sucesivo por el rey. En 1533, poco después de este reconocimiento, el rey Enrique finalmente dio el paso de separar a su esposa y volver a casarse, desafiando completamente al papa. Su nueva reina, Ana Bolena, fue tachada de ramera en los círculos católicos, pero además de despreciar la unión desde lejos, el clero católico romano no pudo hacer nada.

El poder del rey se cimentó aún más en la legislación británica en el otoño de 1534 con la creación del Acta de Supremacía, que establecía claramente que el rey Enrique debía ser considerado el "único Jefe Supremo en la Tierra de la Iglesia de Inglaterra". Según esta acta, el rey tenía ahora un serio poder de reforma cuando se trataba de "todos los errores, herejías y otras enormidades y abusos". Aunque el rey Enrique estaba previamente en contra de la Reforma, este acto convirtió unilateralmente a Inglaterra en parte de ella, ya que Enrique consiguió reducir cualquier poder real o control que el papa tuviera sobre los asuntos religiosos ingleses.

Irónicamente, la ruptura del rey con la autoridad católica condujo a una persecución de los mismos fieles católicos de los que Enrique se había apodado anteriormente como defensor. Cuando los católicos más acérrimos empezaron a hablar en contra de las acciones del rey, al igual que los protestantes antes que ellos, acabaron perdiendo la vida. Una de las persecuciones más sensacionales contra los católicos celosos tuvo lugar en abril de 1534, cuando la llamada Santa Doncella —una monja católica llamada Elizabeth Barton— fue colgada y decapitada por hablar en contra del rey.

A principios de la década de 1530, Barton había hecho varias profecías sobre el rey Enrique que fueron consideradas sediciosas. Posteriormente, desarrolló un breve seguimiento entre los católicos ingleses antes de ser acorralada, juzgada por traición y condenada a muerte por sus creencias. En 1535 se produjeron muchas más ejecuciones, entre las que se encontraban algunas figuras de alto nivel, como el cardenal John Fisher y Sir Thomas More, que anteriormente habían sido protagonistas de la persecución y la supresión de los protestantes.

En 1536 se produjo una nueva reforma interna de la Iglesia de Inglaterra, con nuevas medidas como la insistencia en que los Diez Mandamientos fueran traducidos al inglés. Resulta bastante sorprendente pensar que hombres como Firth fueron asesinados por las traducciones de la Biblia al inglés solo unos años antes, para que de repente el propio rey sancionara la traducción al inglés de los Diez Mandamientos. La nueva normativa también criticaba las prácticas católicas tradicionales como "las peregrinaciones a los santuarios locales [y] el ofrecimiento de dinero o velas votivas ante las reliquias religiosas", entre otras cosas.

Pero aún hay más. Cerrando el círculo en 1538, el rey, que antes había hecho la vista gorda ante la persecución de los traductores de la Biblia, decretó que se distribuyera abiertamente una traducción completa al inglés entre los miembros de la Iglesia. Esto condujo a la publicación de la llamada Gran Traducción de la Biblia que fue realizada por Miles Coverdale en abril de 1539. Esta fue la primera edición autorizada de la Biblia, sancionada por el propio rey Enrique VIII.

El prefacio de la Gran Biblia, escrito por el arzobispo Cranmer, instaba a los ingleses a conservar las Escrituras, afirmando que eran "una mejor joya en nuestra casa que el oro o la plata". Esta exhortación a que el británico medio tuviera una Biblia propia contrastaba con los años anteriores en los que se perseguía a cualquiera que se atreviera a leer la Biblia por sí mismo. Parecía que el rey había puesto el dedo en la llaga para los protestantes después de todo, pero era un poco más complicado que eso.

Si bien el rey pretendía presentarse como la principal autoridad en materia de doctrina eclesiástica en lugar del papa, el viejo "Defensor de la Fe" seguía siendo partidario de muchas doctrinas católicas estándar. Mientras tanto, el rey tenía sus propios problemas. Se había vuelto cada vez más paranoico a medida que su círculo íntimo conspiraba a su alrededor, así que cuando Cromwell —buscando deshacerse de la influencia de la reina Ana— inventó historias sobre su infidelidad, el rey mordió el anzuelo.

Enrique acabó haciendo ejecutar a su propia esposa en 1536. Es increíblemente cínico considerarlo, pero muchos se han preguntado si el rey tomó este camino como un medio expeditivo para deshacerse de otra esposa que no podía producir un hijo para él. La reina Ana aún no había podido tener un hijo cuando fue decapitada. En cualquier caso, tras su muerte, Enrique no perdió tiempo en tomar una nueva esposa: Juana Seymour.

Fue la reina Juana quien finalmente daría a luz al hijo que el rey Enrique VIII ansiaba tan desesperadamente. Dio a luz al príncipe Eduardo, pero, poco después, pereció de septicemia, dejando al orgulloso nuevo padre una vez más viudo. El siguiente matrimonio del rey Enrique VIII no sería para dar a luz a un hijo, sino que fue, en cambio, un matrimonio de conveniencia política.

Desde que Inglaterra se rebeló, existía el riesgo de que potencias católicas como Francia o el Sacro Imperio Romano Germánico decidieran intervenir militarmente. Aunque el rey Enrique VIII había estado inicialmente en contra de Martín Lutero y todos los demás reformistas alemanes, ahora los veía como aliados potenciales. Por eso, cuando se le presentó la oportunidad de casarse con una noble alemana, Ana de Cleves, aceptó hacerlo por puro pragmatismo político. Sin embargo, el rey no estaba muy entusiasmado con su nueva esposa y, en un momento dado, llegó a llamarla francamente repulsiva.

El matrimonio fue anulado después de solo seis meses, en 1540. Poco después, el rey volvió a probar suerte en el matrimonio casándose con Catalina Howard, sobrina del duque de Norfolk. Este matrimonio tampoco duraría mucho. Esta reina resultó ser bastante escandalosa y fue sorprendida teniendo un romance con un hombre llamado Thomas Culpeper. Tanto Catalina como Culpeper fueron ejecutados por este delito, y la reina Catalina —la última esposa del rey Enrique en ser decapitada— fue enviada a la guillotina un día antes de San Valentín, el 13 de febrero de 1542.

Poco después de la muerte de Catalina, el rey Enrique pareció cambiar de opinión con respecto a la libertad religiosa que había concedido anteriormente. En un completo cambio de su anterior defensa de la lectura de la Biblia, decidió que no todo el mundo debía tener acceso a las Escrituras. El rey parecía temer que demasiadas personas recibieran ideas erróneas de las Escrituras y le preocupaba que eso provocara una insurrección contra él. Por ello, en 1543, promulgó el Acta para el Avance de la Verdadera Religión, que estipulaba que habría restricciones sobre quién podía leer la Biblia.

El acta consideraba que "las mujeres, los sirvientes y los trabajadores" no debían ser autorizados a leer las Escrituras por su cuenta y además dictaba que podían ser castigados si se les encontraba con su propia traducción de las Escrituras. Muchos protestantes ingleses que tenían la esperanza de que el rey inglés pudiera llevarles a una reforma completa de la religión se sintieron muy consternados por las acciones del rey.

Como dijo el reformador John Hooper: "En lo que respecta a la verdadera religión, la idolatría no está en ningún lugar con mayor vigor. Nuestro rey ha destruido al papa, pero no al papismo. La misa impía, el celibato más vergonzoso del clero, la invocación de los santos, la confesión auricular, la abstinencia supersticiosa de carnes y el purgatorio, nunca antes fueron tenidos por el pueblo en mayor estima que en el momento actual".

El rey, mientras tanto, se había casado por última vez en el verano de 1543, cuando se casó con una viuda llamada Catalina Parr. La propia Catalina era partidaria de la Reforma, y se dice que intentó continuamente persuadir a su marido para que apoyara más la causa.

Sin embargo, Enrique estaba envejeciendo y parecía estar firmemente anclado en sus costumbres. Por lo tanto, su extraña forma híbrida de doctrinas antipopulares —aunque todavía en gran medida antiprotestantes— se mantuvo. Y continuarían incluso algún tiempo después de la muerte del rey Enrique VIII en 1547. Martín Lutero, el instigador inicial de la Reforma, mientras tanto, había muerto el año anterior, en 1546. Ambas muertes marcarían un cambio radical en las siguientes fases de la Reforma más amplia.

Capítulo 8 - El auge del calvinismo

"Cuando indaguen sobre la predestinación, recuerden que están penetrando en los recovecos de la sabiduría divina, donde el que se precipita con seguridad y confianza, en lugar de satisfacer su curiosidad, entrará en un laberinto inextricable. Porque no es justo que el hombre husmee impunemente en las cosas que el Señor se ha complacido en ocultar dentro de sí mismo, y escudriñe esa sublime sabiduría eterna que le place que no aprehendamos, sino que adoremos, para que en ella aparezcan también sus perfecciones. Los secretos de su voluntad, que él ha considerado oportuno manifestar, son revelados en su palabra, revelados en la medida en que él sabía que eran conducentes a nuestro interés y bienestar".

- Juan Calvino

Una de las mayores fuerzas de la Reforma, quizá solo superada por el propio Martín Lutero, fue Juan Calvino. Juan —o como era conocido por los franceses, Jean Cauvin— comenzó sus esfuerzos de reforma en Francia. Fue durante la persecución de los protestantes en 1535 cuando Calvino huyó de Francia a Suiza. Calvino se instaló primero en la ciudad de Basilea. Allí escribió largos tratados sobre sus teorías religiosas, uno de los cuales se tituló Los institutos de la religión cristiana.

El libro estaba dedicado al entonces rey de Francia —el rey Francisco I— e incluía una sentida petición para que el rey pusiera fin a su mano dura contra los protestantes de Francia. Calvino insistía en que los protestantes estaban siendo calumniados por sus oponentes y pedía que se investigara lo que él consideraba poco más que una campaña de calumnias. Otro argumento importante que esgrimió Calvino fue que los esfuerzos de los reformadores no eran en absoluto un invento nuevo.

Calvino argumentó que lo que los reformadores intentaban conseguir era totalmente coherente con la doctrina apostólica y de la Iglesia primitiva. Además, dio a conocer su posición de que creía que los que se oponían al evangelio —o al menos a su versión personal del mismo— eran "instrumentos de Satanás". No es probable que las palabras de Calvino dirigidas al rey tuvieran mucha repercusión, pero da la casualidad de que las persecuciones se detuvieron poco después: en el verano de 1535, el Edicto de Coucy concedió una amnistía general a los reformistas protestantes que quedaban en Francia.

Pero esta amnistía no vino sin una trampa. Tal y como estaba, todos y cada uno de los considerados fugitivos que habían abandonado Francia solo podían regresar y recibir el perdón si "renunciaban a sus opiniones heréticas en un plazo de seis meses". Los reformistas de línea dura, como Juan Calvino, obviamente no iban a renunciar repentinamente a sus llamadas opiniones heréticas simplemente para volver a casa. Lo único que hizo Juan fue aprovechar el período de gracia de seis meses para regresar a Francia y ocuparse de algunos asuntos personales.

Pero antes de que este plazo de seis meses se agotara, Juan abandonó Francia definitivamente en 1536 en lugar de retractarse. En ese momento solo tenía veintisiete años y viviría el resto de sus años como reformador en el exilio. Tras abandonar Francia por última vez, se dirigió a Ginebra, Suiza. Las ciudades suizas habían sido sede de varios movimientos reformistas en el pasado, y

Ginebra acababa de aprobar una legislación en 1536 que aseguraba que la ciudadanía estaría libre de la autoridad de la Iglesia católica romana.

Juan Calvino comenzó su labor en Ginebra mediante conferencias públicas en las que argumentaba sus puntos de vista sobre la Biblia. Debido a las luchas religiosas, Juan Calvino fue finalmente expulsado de Ginebra en 1538. De allí fue a parar a Estrasburgo, donde fue nombrado pastor de un grupo de protestantes de habla francesa. Le encomendó esta función un prominente protestante llamado Martín Bucer, quien supuestamente convenció a Juan Calvino para que aceptara el cargo recordándole lo que le ocurrió a Jonás cuando rehuyó la llamada de Dios.

Jonás, según las Escrituras, fue el profeta bíblico que fue tragado por una ballena. Martín Bucer se convirtió en el consejero número uno de Juan Calvino en todos sus asuntos y, con el tiempo, incluso se convirtió en una especie de casamentero cuando presentó a Juan Calvino a una viuda elegida llamada Idelette de Bure. Idelette había formado parte de la fe anabaptista que predominaba en las ciudades suizas de la época. Tras establecerse en Estrasburgo, Juan Calvino comenzó a escribir largos tratados sobre sus creencias protestantes. Entre ellos estaba su "Respuesta al cardenal Sadoleto".

Escrita en 1539, esta carta era en realidad una respuesta a un tal cardenal Sadoleto, que había redactado previamente una carta abierta a los reformadores de Ginebra, intentando convencerlos de que volvieran a la fe católica. La carta de Sadoleto se distinguía de otros intentos de hacer volver a los reformistas a la línea, ya que los esfuerzos del cardenal parecían ser sinceros —de hecho, casi de naturaleza apologética— y admitían abiertamente que la Iglesia católica romana necesitaba enfrentarse a ciertos excesos y abusos de poder.

Pero incluso teniendo en cuenta estas concesiones, Sadoleto trató de convencer a todos los que leyeran sus palabras de que todavía había un lugar para ellos en la Iglesia católica romana. Es interesante observar que, aunque Calvino había sido esencialmente expulsado de Ginebra, todavía fue llamado a su nueva residencia en Estrasburgo para responder a la súplica del cardenal. En su respuesta, Calvino insistió en la necesidad de reformar la Iglesia y argumentó que la Reforma no se limitaba a los abusos y la corrupción de la Iglesia, sino que era un esfuerzo por reformar el "corazón mismo" del catolicismo.

En esta respuesta al cardenal Sadoleto, Calvino fue más lejos que Martín Lutero en sus noventa y cinco tesis. Cuando Martín Lutero clavó sus tesis en la puerta de la iglesia, buscaba principalmente la reforma de los abusos y la corrupción de la Iglesia católica, como la venta de indulgencias. Sin embargo, Calvino dejó claro que no buscaba la reforma, sino la revolución. También dejó claro que él y sus asociados no eran "innovadores teológicos", como habían acusado los detractores, sino que intentaban mantenerse más cerca de los principios originales del Nuevo Testamento que la Iglesia católica. Durante este tiempo, también escribió su propio comentario personal sobre el libro de Romanos del Nuevo Testamento, así como un extenso artículo que cubría la Cena del Señor.

Poco después de estas obras, en 1540 y 1541, Juan Calvino y Martín Bucer recorrieron las ciudades de Hagenau, Worms y Ratisbona, donde asistieron a una serie de debates teológicos que tuvieron lugar entre protestantes y católicos. Calvino se encontró profundamente perturbado por lo que percibía como un terrible compromiso en la doctrina, en medio de los protestantes de Ginebra. Estas divisiones hicieron que se encariñara aún más con la solidaridad a la que se había acostumbrado en Estrasburgo.

Juan Calvino achacó en parte la división que presenció en Ginebra a su propia expulsión de la ciudad. Sabía que esto era cierto, pero, de todos modos, cuando las autoridades de la ciudad le pidieron a Calvino que volviera a su cargo sobre los fieles protestantes, afirmó que "se estremeció ante la sola idea". Esta era la ciudad que lo había expulsado, ¿por qué iba a querer volver? Sin embargo, a pesar de sus recelos, finalmente regresó como se le pidió el 13 de septiembre de 1541.

Calvino se puso inmediatamente a trabajar en la reforma de los reformadores, publicando sus *Ordenanzas Eclesiásticas* en noviembre de 1541. Esta obra esbozaba la visión de Calvino sobre cómo debía estructurarse la Iglesia en Ginebra y acabaría convirtiéndose en un modelo estándar para muchas otras iglesias de todo el mundo. La estructura eclesiástica de Calvino consistía en cuatro funciones principales en la iglesia: diáconos, ancianos, doctores y pastores.

Calvino instruyó a su rebaño en que los pastores debían acaparar el mercado en cuanto a la predicación, el consejo espiritual y la administración de los sacramentos. Los doctores, por su parte, debían centrarse en cuestiones de teología y participar en debates, conferencias u otros compromisos similares. En cuanto a los ancianos, Lutero ordenó específicamente que hubiera doce ancianos seleccionados entre los laicos. Los diáconos, por su parte, debían centrarse en la caridad, como la ayuda a los empobrecidos y a los enfermos.

Más allá de estas directrices sobre las funciones específicas de la Iglesia, las ordenanzas de Juan Calvino también reiteraban sus opiniones personales sobre cuestiones doctrinales como el bautismo, la Cena del Señor, el matrimonio, la sepultura, la visita a los enfermos y a los presos, y la catequesis de los niños. Como parte de esta nueva organización de los protestantes en Ginebra, Calvino también estableció un consejo para supervisar toda la operación. El consejo estaba formado por ancianos, pastores y otros funcionarios eclesiásticos que se reunían habitualmente y discutían el estado de los asuntos eclesiásticos.

A menudo, esta especie de comité de supervisión religiosa se convertía en una especie de tribunal cuando los acusados de varios pecados que no reconocían ni se arrepentían eran llevados ante el consejo para ser interrogados. Estos pecados iban desde el adulterio y la blasfemia hasta la simple acusación de ser irrespetuoso en la iglesia. Si los interrogados se negaban a retractarse de sus transgresiones, se les suspendía de la Cena del Señor, lo que esencialmente equivalía a la versión calvinista de la excomunión de la iglesia.

Para ser claros, estas eran unas reformas bastante drásticas para muchos de los ciudadanos de Ginebra, y no todos las apoyaban. Uno de los críticos más destacados de Calvino fue un político suizo llamado Ami Perrin. Perrin se oponía al escrutinio que se hacía de la vida personal de cada uno y creó un grupo de disidentes que recibió el apodo de los "Niños de Ginebra". Debido a su perspectiva más liberal, estos objetores fueron llamados más tarde los "Libertinos".

Las cosas llegaron a un punto crítico cuando la propia esposa de Ami Perrin —Françoise— fue llevada ante el consejo acusada de bailar. La consideraron culpable y la metieron entre rejas por la transgresión. La situación se agravó aún más cuando el padre de la mujer encarcelada fue arrestado por hacer comentarios acerca de que Calvino era similar a "un sacerdote católico en la confesión auricular que quería escuchar los detalles del pecado de todos".

Juan Calvino abordó algunas de las críticas que se le hacían en su obra de 1550 titulada *Sobre los escándalos que hoy impiden a muchos llegar a la pura doctrina del Evangelio y arruinan a otros*. Aquí Calvino estaba a la vez a la defensiva y a la ofensiva, ya que defendía su postura y, al mismo tiempo, atacaba el carácter de los que se atrevían a discrepar llamándolos a todos un montón de fornicadores libertinos que preferían seguir las enseñanzas del papa que su doctrina recomendada.

La estricta supervisión de las enseñanzas de Calvino no era lo único que algunos objetaban. Para los más teólogos, lo más irritante de Calvino no era que no quisiera que la gente bailara, sino que creía que el destino final de todos estaba ya determinado. Conocido como predestinación, este principio central del calvinismo es la noción de que Dios ha determinado de antemano quién va al cielo y quién al infierno. Hoy en día, en los círculos cristianos, el concepto suele mencionarse con el vernáculo más mundano de "una vez salvado, siempre salvado".

Aunque Calvino había encendido un gran debate sobre si la salvación está preordenada por un Dios omnisciente, la verdad es que este debate ha hecho estragos entre los cristianos desde el principio del cristianismo. Desde los primeros tiempos, algunos cristianos creían que una vez que se profesaba la fe en Cristo, absolutamente nada podía arrebatarte de su mano. Otros, sin embargo, estaban seguros de que la salvación no era absoluta, y que, si uno se descarriaba lo suficiente, podía perder su salvación.

Pero había (y hay) graves problemas con ambos conceptos. Si un cristiano cree en la doctrina de "una vez salvado, siempre salvado", presenta el peligro de dar a la gente una "licencia para pecar". Si la salvación de los creyentes está garantizada pase lo que pase, podrían hacer todo tipo de cosas atroces entre la primera vez que se salvan y su muerte y aun así llegar al Cielo sin problemas.

Por otro lado, si un cristiano adopta una doctrina de la salvación que no es absoluta o que de alguna manera tiene un alcance limitado, este entendimiento también trae consecuencias imprevistas. Por ejemplo, si los cristianos pudieran pecar y perder repentinamente su salvación, esto los pondría en un terreno bastante inestable, y la salvación de nadie estaría garantizada. Los propios católicos lucharon durante mucho tiempo con la idea de que podían perder su salvación y, en general, esto provocaba que muchos católicos contaran obsesivamente las cuentas del rosario, se persignaran y pidieran perdón a Dios cada vez que se producía una transgresión percibida "para que su nombre no fuera borrado del Libro de la Vida".

Pero incluso si alguien reza obsesivamente pidiendo perdón por cada ofensa percibida, ¿qué pasa si no tiene la oportunidad de arrepentirse antes de morir? Además, ¿qué pasa si cometieron pecados que ni siquiera se dieron cuenta de que eran pecados, como los pecados del corazón? Jesús, después de todo, enseñó que mirar al hermano con odio era lo mismo que matarlo directamente. Piense en alguien que en un incidente de ira en la carretera le grita a otro automovilista con toda su rabia y luego muere de un ataque al corazón poco después —no hay oportunidad para la oración del pecador allí. ¿Perdería su salvación?

Muchos cristianos de hoy en día tendrían un problema con la idea de que el Dios en el que creen los dejara de lado tan fácilmente. Sin embargo, si Dios puede mirar más allá de un pecado, entonces ¿qué pasa con los demás? ¿Son perdonables algunos pecados y otros no? Además, si todos los pecados son perdonados automáticamente por la obra terminada de la cruz (como sostienen algunos cristianos), ¿qué sentido tendría solicitar repetidamente el perdón de algo ya perdonado? Y, para algunos, esta lógica parecería autorizar toda clase de pecados sin control sabiendo que ya están perdonados de todos modos. Como puede ver, estamos justo donde empezamos en este argumento bastante circular. Este es el dilema con el que todavía luchan los teólogos de hoy.

La respuesta de Calvino fue creer que Dios lo había predeterminado todo desde el principio. El calvinismo enseñaba que Dios "ordenó libre e inmutablemente todo lo que sucede". A partir de esta creencia, se determinó que Dios había preordenado a algunos para la salvación por gracia, mientras que otros habían sido preordenados para ser condenados a la condenación eterna por todos sus pecados. Esto parece ir en contra de 2 Pedro 3:9, que dice: "El Señor no tarda en cumplir su promesa, como algunos entienden la lentitud. Al contrario, es paciente con vosotros, no queriendo que nadie perezca, sino que todos vengan al arrepentimiento". Por otra parte, si la salvación estuviera predestinada, ¿qué sentido tendría todo esto?

Y muchos —entre ellos un antiguo monje carmelita llamado Jérôme Bolsec— estaban dispuestos a plantear esa misma pregunta. Bolsec llegó a Ginebra en 1551 y se comprometió activamente con el movimiento calvinista, argumentando que la predestinación era un error. Jérôme sostenía que era tan errónea, de hecho, que tal creencia convertía a un Dios justo y santo en el autor tanto del bien como del mal. Jérôme Bolsec creía que un castillo de naipes tan traicioneramente inestable simplemente no podía sostenerse.

Después de todo, fue el propio Jesús quien refutó tal idea. Según las Escrituras, cuando los incrédulos acusaron a Cristo de expulsar a los demonios por obra de los mismos, Cristo declaró célebremente que "si una casa está dividida contra sí misma, esa casa no puede sostenerse". Bolsec argumentó de forma similar que no había forma de que Dios predeterminara la condenación. ¿Cuál fue la respuesta a los argumentos cuidadosamente elaborados de Bolsec? Fue encarcelado por blasfemia y herejía y, al ser liberado, se le dijo que no volviera.

Como se puede ver, la triste ironía a lo largo de la Reforma Protestante es el hecho de que una vez que los reformadores previamente perseguidos ganaron suficiente poder, a su vez estaban dispuestos a perseguir activamente a otros. Los calvinistas, por su parte, no se oponían en absoluto a castigar a aquellos con cuyas creencias no estaban de acuerdo.

Es comprensible que Bolsec se desilusionara con la Reforma tras sus experiencias con los calvinistas, hasta el punto de regresar a la Iglesia católica. Más tarde, en 1577, publicó un libro sobre Juan Calvino en el que arremetía contra el reformador, calificándolo como "un hombre, entre todos los que ha habido en el mundo, ambicioso, presuntuoso, arrogante, cruel, malicioso, vengativo y, sobre todo, ignorante". Pero si Bolsec pensaba que había sido tratado con dureza por los calvinistas, no era nada comparado con lo que le ocurrió a un español visitante llamado Miguel Servet.

Miguel era médico de profesión, pero se había metido en la polémica al cuestionar la trinidad, afirmando que la noción no era bíblica y que había sido completamente inventada. Escribió un libro que exponía su creencia, llamado *Restitutio*, que se publicó en 1553. Como la mayoría de los protestantes creían entonces en la trinidad, Miguel consiguió enfadar por igual a los católicos y a los protestantes que creían en la trinidad.

En consecuencia, Miguel se convirtió en un fugitivo y estaba huyendo cuando decidió pasar por Ginebra, Suiza. Fue aquí donde Miguel —ahora un personaje infame— fue abordado por los protestantes. Posteriormente fue juzgado en Ginebra por herejía, y el 27 de octubre de 1553 fue declarado culpable y condenado a la hoguera. Calvino, que ya había expresado su extrema repulsa a las creencias de Miguel, trató de intervenir en su favor y disminuir la severidad de su ejecución solicitando que fuera decapitado en lugar de ser quemado vivo.

Pero ni siquiera esta cortesía fue permitida, y Miguel fue quemado en la hoguera como estaba previsto. A pesar de que Calvino fue el que mostró cierta moderación, la muerte de Miguel fue posteriormente atribuida a él. Y, aunque algunos llegaron a considerar a Miguel como un mártir, también empezaron a ver a Calvino como un tirano. En el plano teológico, otro opositor a Calvino fue el pensador francés Sebastián Castellio, para quien toda la palabrería sobre la predestinación, el libre albedrío, los ángeles y demás carecía de sentido cuando lo único que realmente importaba era la fe en Cristo.

Sebastián Castellio sostenía que la doctrina era imprecisa, que las personas eran imperfectas y que nunca seríamos capaces de entender todo correctamente. Dicho esto, Castellio sostenía que los creyentes no debían preocuparse tanto por la correcta interpretación de las Escrituras, sino simplemente creer lo mejor que pudieran, tal como hacían los "recaudadores de impuestos y las prostitutas" en el Nuevo Testamento. Castellio también llegó a la sabia conclusión de que no tenía sentido castigar la herejía, ya que nadie podía ponerse de acuerdo sobre lo que podía ser herético.

Como dijo Sebastián Castellio: "Apenas existe una de todas las sectas, que hoy son innumerables, que no considere herejes a las demás. De modo que, si en una ciudad o región se le considera un verdadero creyente, en la siguiente se le considerará un hereje. De modo que, si alguien quiere vivir hoy en día, debe tener tantos credos y religiones como ciudades o sectas hay, al igual que un hombre que viaja por las tierras tiene que cambiar su dinero de un día para otro".

Castellio, un astuto y sagaz observador de lo que ocurría a su alrededor, podía ver lo ridículo que resultaba que una interpretación de las Escrituras que se estimaba en una ciudad pudiera ganarse con la misma facilidad la pena de muerte en otra. Evidentemente, este no era un modelo sostenible para la práctica religiosa humana. Castellio había llegado a creer que una decencia humana más general era mejor que un esfuerzo celoso hacia la corrección doctrinal.

A este respecto, Castellio declaró: "Sería mejor dejar vivir a cien, incluso a mil herejes, que condenar a muerte a un hombre decente bajo el pretexto de la herejía". Sebastián Castellio se adelantó en muchos aspectos a su tiempo con sus avanzadas opiniones humanistas. Pero por mucho que estas declaraciones nos parezcan razonables hoy en día, provocaron bastante ira en su propia época. Los protestantes suizos se enfurecieron por sus palabras, irritados por la idea de que intentara disminuir la verdad bíblica.

Un reformador suizo, Theodore de Beze, llegó a acusar a Sebastián Castellio de "aconsejar a cada uno que crea lo que quiera, abriendo con ello la puerta a todas las herejías y falsas doctrinas". Aunque hoy nos cueste entenderlo, muchos católicos y protestantes de línea dura se aferraban a sus creencias con tanta fuerza que estaban dispuestos a morir y matar por ellas si era necesario.

El propio Calvino no se dejó influir por estos argumentos a favor de la tolerancia religiosa, y en 1554 escribió un tratado sobre la Trinidad, en el que —entre otras cosas— sostenía que la ejecución de herejes como Miguel Servet era completamente justificable. Siguió consolidando su poder durante los años siguientes y, en junio de 1559, estableció un colegio bíblico en el que sus creencias podían enseñarse de forma rutinaria en su forma más precisa. Fue a partir de estos misioneros calvinistas que Juan Calvino exportaría su marca de la Reforma al extranjero.

Capítulo 9 - Inglaterra hace retroceder la Reforma

"Lo que hizo que la postura de Lutero fuera tan escandalosa no fue que valorara la Biblia. Eso no es nada raro en los cristianos. Lo que resultaba chocante era que la pusiera por encima de todo lo demás. Trataba las opiniones de los primeros padres de la Iglesia, de los eruditos más recientes, incluso de los concilios eclesiásticos, con gran respeto, pero no se dejaba constreñir por ellas. A fin de cuentas, cualquier cosa fuera de la Biblia, incluida la interpretación de la Biblia de cualquier otra persona, era una mera opinión. Este era el verdadero y duradero radicalismo del protestantismo: su disposición a cuestionar toda autoridad y tradición humana".

- Alec Ryrie

Tras el fallecimiento del rey Enrique VIII en enero de 1547, el estado de la religión —o quizás, mejor dicho, la religión estatal— de Inglaterra se había sumido en la incertidumbre. Fue Enrique VIII quien había lanzado una pseudoreforma en la que básicamente creó su propia versión estatal del catolicismo, con él mismo a la cabeza como estadista tanto religioso como político. Esto significaba que, a su muerte, este papel único sería otorgado a su sucesor: el hijo del rey, Eduardo VI.

Sin embargo, el heredero del rey Enrique solo tenía nueve años en el momento de su fallecimiento, y ciertamente no estaba preparado para ejercer como monarca político y religioso soberano de Inglaterra. El tío de Eduardo VI —también llamado Eduardo—, Eduardo Seymour, duque de Somerset, asumió ese papel hasta que Eduardo VI estuviera preparado para gobernar. El duque de Somerset recibió un gran poder como Lord Protector mientras Eduardo VI permanecía en minoría.

Mientras tanto, el mundo protestante miraba tanto al rey Eduardo VI como al duque de Somerset con la esperanza de una futura reforma. Incluso Juan Calvino les envió sus mejores deseos desde Ginebra, diciéndole al duque de Somerset: "Esta es la era de la salvación cuando la palabra de Dios ha sido revelada". Y estas esperanzas no eran infundadas. La primera señal de reforma se produjo en julio de 1547, cuando el nuevo gobierno real comenzó a introducir reformas radicales en la administración de los servicios religiosos.

La principal preocupación eran los objetos tradicionales que se asociaban al catolicismo, como el agua bendita, las cruces de palma y otros. Estos objetos se eliminaron, así como muchos otros iconos religiosos. Junto con estos esfuerzos de reforma, se ordenó que el clero leyera una homilía —o discurso religioso— respaldado por el gobierno a sus congregaciones durante los servicios religiosos. La homilía era una parte habitual de la misa católica, pero, aunque se mantuvo esta tradición, se reformó para que se ajustara a ciertas normas establecidas por el gobierno.

Otro cambio importante se produjo con el fin de los llamados cantos. Estos consistían en sacerdotes que cantaban y entonaban oraciones por los difuntos que se creía que estaban en el purgatorio. Aquí, la Iglesia de Inglaterra llegó a un acuerdo con muchos otros reformistas y decidió que también repudiaría el concepto de purgatorio. Se declaró que tales cosas no eran necesarias y solo restaban a la perfecta salvación por la muerte de Jesucristo.

Pero quizá la reforma más importante se produjo en 1549 con el Acta de Uniformidad. Esta norma se encargó de sustituir la misa en latín por la liturgia en inglés especialmente creada, conocida como *Libro de Oración Común*, establecida por el arzobispo de Canterbury, Cranmer. Este decreto universal se llevó a cabo con la única excepción de las universidades de Cambridge y Oxford, donde se permitió a los académicos seguir rezando sus oraciones en lengua latina.

El arzobispo de Canterbury había colocado un poderoso ensayo escrito dentro del *Libro de Oración Común*, que sirvió para marcar el tono de este momento de la Reforma inglesa. El ensayo se llamaba "De las Ceremonias: Por qué algunas deben ser abolidas y otras conservadas". Como es de imaginar, el tema abarcaba el por qué se habían suprimido algunas de las costumbres religiosas anteriores mientras que otras se mantenían. En el texto, Cranmer hablaba de cómo los rituales religiosos anteriores habían "cegado al pueblo y oscurecido la gloria de Dios".

Por tanto, en aras de la claridad, había que dejar de lado las antiguas prácticas ceremoniales. Pero por mucho que el arzobispo intentara vender el cambio como algo que iba en beneficio de la Iglesia, no todo el mundo estaba de acuerdo. En las ciudades de Cornualles y Devon se desató una rebelión total por parte de los feligreses indignados que exigían que se restablecieran sus antiguas costumbres. Conocida como la Rebelión del Oeste, este episodio supuso que los feligreses enfurecidos tomaran los libros de oraciones y les prendieran fuego.

Estos manifestantes de esta reforma protestante aparentemente autóctona se dirigieron entonces al distrito administrativo de Exeter, donde dieron a conocer sus demandas. Entre ellas, pedían que se recuperara la anterior prohibición de Enrique VIII de las Biblias traducidas al inglés. También pretendían recuperar los iconos que se utilizaban para rezar por los seres queridos que se creía que estaban en el purgatorio. Querían hacer todas estas cosas "igual que [sus] antepasados".

Muchos de los laicos cristianos de esos días tenían la costumbre de recitar las Escrituras y las oraciones en latín memorizadas, aunque no siempre entendieran las palabras que recitaban. Era un ejercicio de pura memoria muscular que repetían de oído, tal y como habían hecho sus antepasados. El arzobispo Cranmer se opuso a esto y criticó a los disidentes argumentando que recitar palabras en latín que no entendían claramente no era mejor que ser un loro.

Al final, los disidentes solo fueron derribados por la fuerza y, tras la llegada de las tropas reales desde Londres, se produjo un violento tumulto en el que murieron muchos de los manifestantes. Los líderes de la protesta también fueron apresados, y muchos de ellos recibieron la pena de muerte por sus acciones. El Lord Protector del rey Eduardo, el duque de Somerset, tenía sus propios problemas. Había liderado batallas contra Escocia y Francia, y con el añadido de tener que sofocar insurrecciones en casa, Inglaterra se estaba arruinando.

El descontento con su liderazgo condujo a una conspiración contra él que culminó con la toma de posesión del Conde de Warwick. El conde de Warwick recibió el título de "Lord Presidente" en la primavera de 1550, y a partir de entonces mandaría. Poco después de esta toma de poder, el arzobispo Cranmer decidió promulgar una reforma religiosa aún mayor, reestructurando el papel del sacerdote. En lugar de tener como deber principal la administración de los sacramentos, el sacerdote pasó a desempeñar una función más pastoral y se esperaba que se centrara en la predicación del evangelio a los miembros de la iglesia.

Por muy reformador que fuera el *Libro de Oración Común*, su propio autor —el arzobispo de Canterbury— empezó a pensar que tenía carencias. Uno de los problemas era el hecho de que gran parte del lenguaje católico anterior sobre la misa había permanecido intacto. Cranmer quería distanciarse de esas cosas, así que elaboró una edición revisada del libro de oraciones en 1552 en la que eliminó cuidadosamente términos como "misa" y los sustituyó por "Cena del Señor" o "santa comunión".

Pero, como suele ocurrir, el arzobispo Cranmer seguía teniendo sus críticos. Uno de sus críticos más acérrimos fue John Knox, un capellán real que consideraba que la advertencia del libro de oraciones de arrodillarse durante la comunión no era bíblica. Después de todo, durante la última cena de Cristo en el Nuevo Testamento, en la que comió y bebió con los discípulos —en la que se basa la comunión—, nadie se arrodilló. Sin embargo, en lugar de tomarse en serio las críticas, el arzobispo Cranmer se negó a escucharlas y fustigó a sus oponentes como simples "espíritus inquietos".

Para distanciar aún más a la Iglesia de Inglaterra de la católica, el libro de oraciones revisado también contenía los Cuarenta y dos artículos, que destacaban las principales diferencias entre ambas. En concreto, Cranmer afirmaba que el purgatorio, las indulgencias, la veneración de imágenes y reliquias y la invocación de los santos no eran escriturales. El arzobispo de Canterbury denunció estas creencias y prácticas católicas como "una cosa vana inventada, y basada en ninguna garantía de las Escrituras".

Pero como cualquier buen católico sabe, esto no es del todo cierto. Tanto la creencia del purgatorio como la práctica de las indulgencias, por ejemplo, sí se basan en las Escrituras. No es algo que un sacerdote simplemente inventó de la nada. Las nociones se extraen en gran medida del libro de los Macabeos, un texto llamado apócrifo que protestantes como Martín Lutero decidieron omitir de todas las copias protestantes de la Biblia.

Una cosa sería estar en desacuerdo con la interpretación de la Biblia por parte de la Iglesia católica, pero decir que esas cosas no se basan en las Escrituras es una deformación de la realidad para adaptarse a los fines protestantes. En cualquier caso, el arzobispo de Canterbury parecía tener vía libre tanto para interpretar las Escrituras como para reformar la Iglesia durante un tiempo, y en su mayor parte hacía lo que le parecía. El impulso de la reforma, sin embargo, se detendría el 6 de julio de 1553, cuando se recibió la noticia de que el joven rey Eduardo había fallecido.

Es interesante notar que los monumentales esfuerzos que su padre Enrique VIII hizo para traer un hijo a este mundo aparentemente quedaron en nada. Enrique VIII había roto en gran medida la tradición de la Iglesia católica solo para apartar a una esposa y conseguir otra que pudiera darle un hijo. Pero seis esposas después y una Reforma inglesa parcialmente en marcha, el principal propósito de todos los esfuerzos del difunto rey había perecido junto con él.

La muerte del rey Eduardo envió ondas de choque a través del reino. Pero como casi siempre ocurre en las familias reales dinásticas, había un plan de respaldo. Según el testamento de Enrique, en caso de muerte de su hijo, la corona pasaría a manos de la hermana mayor de Eduardo, la princesa María. Esta María era hija de Catalina de Aragón, la primera esposa de Enrique, cuyo matrimonio había anulado y repudiado discretamente. Irónicamente, Enrique había dejado a Catalina para buscar una esposa que le diera un hijo varón para evitar que su trono fuera entregado a María, hija suya y de Catalina. Sin embargo, eso es precisamente lo que ocurrió.

María, que había vivido todas las volteretas recientes de la teología inglesa, era una católica empedernida que deseaba mucho dar marcha atrás a la reciente Reforma de Inglaterra. Los gobernantes sabían que así sería y, en un último esfuerzo, trataron de frustrar el ascenso al poder de la reina apoyando a la hija protestante del duque de Suffolk —Lady Jane Grey—. Pero por mucho que los que se inclinaban por el protestantismo se levantaran contra ella, María consiguió apuntalar el apoyo de los que simpatizaban con el catolicismo.

Aislada en el castillo de Framlingham, en Suffolk, la reina reunió a sus partidarios en torno a ella y, ante su feroz apoyo, sus contrincantes decidieron abandonar la lucha, permitiendo a María conservar el trono. Al principio, María había dado a entender a su corte que tenía la intención de practicar una amplia tolerancia religiosa. Sin embargo, al poco tiempo de comenzar su reinado, esto resultó ser más un discurso de boquilla que otra cosa. Una vez consolidado y asegurado su poder, la reina se desbocó. Hizo que se revocaran todas las licencias de predicación de los protestantes y que se arrestara a destacados protestantes.

En este repentino cambio de roles, se aseguró de que los sacerdotes católicos que habían sido encarcelados bajo su hermano Eduardo VI fueran liberados y puestos de nuevo a cargo de sus parroquias. A finales de año, toda la nueva literatura religiosa —incluido el *Libro de Oración Común* del arzobispo— fue retirada de la circulación, y la misa católica tradicional volvió a estar en vigor. Inglaterra parecía haber vuelto al catolicismo en cuestión de meses.

Aún más angustiosa para los protestantes fue la noticia de que la reina María planeaba casarse con Felipe II de España, el hijo del emperador del Sacro Imperio Romano Germánico, Carlos V. Este matrimonio de conveniencia política había sido tramado por el propio emperador Carlos, que buscaba casar a su hijo con la nueva reina católica de Inglaterra para asegurar la estabilidad política y religiosa de la región. Ante el temor de que su nación quedara subsumida en el Sacro Imperio Romano Germánico debido a esta unión, muchos miembros del Parlamento británico se opusieron, como era de esperar, a la unión.

Por este motivo, la reina María —en lo que quizá no fuera la frase más elocuente— recibió la petición de la Cámara de los Comunes de no casarse con un extranjero. Una vez que quedó claro que la reina no sería persuadida por el Parlamento, un noble llamado Sir

Thomas Wyatt intentó un golpe de estado rotundo enviando un ejército de unos 3.000 efectivos para derrocar a la reina en Londres. Sin embargo, las fuerzas de la reina eran más que capaces de defender a su monarca y el ejército fue rechazado. En la refriega, Sir Thomas Wyatt fue capturado y ejecutado sumariamente. La reina María iba a convertirse en la esposa del rey Felipe de España, independientemente de que a alguien le gustara o no, y ambos se casaron debidamente el 25 de julio de 1554.

Mientras tanto, los anteriores reformistas, como el arzobispo de Canterbury Thomas Cranmer, fueron arrestados y juzgados con repentinas demandas para que denunciaran sus creencias no católicas. A todos los efectos, antes de que terminara el año, el papa estaba listo para recibir a Inglaterra de vuelta al redil católico romano con los brazos abiertos. Y el 30 de noviembre de 1554, se hizo oficial: Inglaterra había regresado a la Madre Iglesia.

Con Inglaterra de vuelta al abrazo católico, no pasó mucho tiempo antes de que el poder de la facción católica comenzara a intensificar la persecución de aquellos que se atrevían a seguir siendo protestantes. A ello contribuyó la decisión del gobierno de María, tomada en enero de 1555, de aplicar las tradicionales leyes católicas contra la herejía mediante la antigua norma católica "Sobre la quema de herejes". Como su nombre indica, estas leyes daban licencia para el castigo letal de cualquier persona acusada de ser herética.

Esto condujo a varios juicios por herejía de gran repercusión, que no eran más que juicios de exhibición que recordaban el interrogatorio de Martín Lutero en la Dieta de Worms. El objetivo principal de estas ocasiones era demostrar que los protestantes estaban equivocados y reforzar la supremacía católica. También servían para dar ejemplo a otros, para que no decidieran seguir el mismo camino que otros supuestos herejes. Uno de los primeros en ser asesinados en esta gran purga fue un popular pastor londinense llamado John Rogers.

Rogers fue quemado en la hoguera por su negativa a someterse a la doctrina católica. Incluso mientras encendían las llamas, John Rogers había proclamado con firmeza: "Lo que he predicado lo sellaré con mi sangre". Su muerte fue seguida por muchas otras, y a finales de 1558, se dice que unos 280 hombres y mujeres fueron asesinados, junto con otros innumerables que simplemente perecieron mientras estaban entre rejas. La persecución fue tan grave que, en un momento dado, incluso un bebé nacido de una mujer condenada fue quemado en la hoguera junto a su madre.

Sin embargo, esto fue demasiado incluso para los más sanguinarios fanáticos católicos, y el sheriff que tomó la fatídica decisión de quemar al bebé fue finalmente acusado y declarado culpable de homicidio por la transgresión. El hombre que había sido el artífice de gran parte de la reforma protestante de Inglaterra entretanto —el arzobispo Thomas Cranmer— fue arrestado y mantenido bajo llave. En esta celda, fue aislado e interrogado rutinariamente por quienes lo retenían.

Después de estas repetidas rondas de interrogatorios, finalmente se quebró y se encontró firmando su retractación en 1556. Esto llevó a otra retractación más formal, y a que Cranmer aceptara oficialmente el poder papal.

Pero la retractación no duró. El arzobispo Cranmer fue llevado a la Universidad de Oxford el 21 de marzo de 1556, para hablar ante los reunidos sobre los motivos de su regreso a la fe católica. Sin embargo, Cranmer los sorprendió a todos cuando comenzó a denunciar, no sus reformas anteriores, sino a la Iglesia católica y su retractación. Su denuncia terminó con "y en cuanto al papa, lo rechazo como enemigo de Cristo y de la falsa doctrina".

Evidentemente, esto no era en absoluto lo que los fieles católicos querían oír. Una vez que se les pasó el susto, capturaron inmediatamente al arzobispo Cranmer y procedieron a llevarlo a un lugar de ejecución en el que podría morir quemado. Se dice que mientras el arzobispo Cranmer ardía en llamas, citaba las Escrituras.

Repitió las palabras que San Esteban había pronunciado mientras era apedreado. Cranmer gritó: "¡Señor Jesús, recibe mi espíritu! Veo los cielos abiertos y a Jesús de pie a la derecha de Dios".

Con uno de los principales arquitectos de la Reforma de Inglaterra quemado en la hoguera, parecía que la causa de la Reforma Protestante en Inglaterra estaba casi perdida. Pero entonces, el 17 de noviembre de 1558, sucedió lo inesperado. La reina María murió. Solo tenía cuarenta y dos años, pero resultó que tenía un caso terminal de cáncer de estómago. Así terminó el reinado de la reina que sería recordada para siempre como "Bloody Mary" (María la sangrienta).

No fue derribada por un derrocamiento armado desde el exterior, sino por tumores cancerígenos desde el interior. A su muerte, la princesa Isabel subió al trono. Isabel era partidaria de la Reforma y, nada más llegar al poder, dio marcha atrás, rompió con la Iglesia católica y comenzó a restaurar los logros alcanzados en la larga y prolongada marcha de Inglaterra hacia la reforma religiosa.

Capítulo 10 - Los hugonotes, los Países Bajos y Guillermo de Orange

"Al recorrer las páginas de nuestra historia durante setecientos años, apenas encontraremos un solo gran acontecimiento que no haya promovido la igualdad de condiciones. Las cruzadas y las guerras inglesas diezmaron a los nobles y dividieron sus posesiones. Las corporaciones municipales introdujeron la libertad democrática en el seno de la monarquía feudal. La invención de las armas de fuego igualó al vasallo y al noble en el campo de batalla. El arte de la imprenta abrió los mismos recursos a las mentes de todas las clases. La oficina de correos llevó el conocimiento tanto a la puerta de la casa de campo como a la del palacio. Y el protestantismo proclamó que todos los hombres son iguales y capaces de encontrar el camino al cielo. El descubrimiento de América abrió mil nuevos caminos a la fortuna, y condujo a oscuros aventureros a la riqueza y el poder".

- Alexis de Tocqueville

Los hugonotes eran protestantes influenciados por las creencias calvinistas que arraigaron en el suroeste de Francia en el siglo XVI. Como Francia era oficialmente católica en aquella época, los hugonotes tenían que reunirse en secreto. Lo hacían a través de una red de numerosos refugios hugonotes repartidos por toda Francia. Ginebra, mientras tanto, seguía siendo la capital espiritual de estos reformadores franceses, y los escritos calvinistas se introducían de forma rutinaria en el dominio hugonote.

Toda esta actividad fue, por supuesto, rechazada enérgicamente por el gobierno francés. En 1547, el rey de Francia, Enrique II, creó una comisión llamada "la cámara ardiente", encargada específicamente de erradicar los supuestos movimientos heréticos como los hugonotes. Si el nombre no lo delata, la cámara ardiente no estaba por encima de matar a los herejes quemándolos en la hoguera.

De hecho, durante los primeros años de la comisión, se dice que treinta y nueve reformadores fueron ejecutados en la hoguera o en la horca. Poco después de esta purga se promulgó el Edicto de Châteaubriant en junio de 1551. Este edicto permitió que los tribunales inferiores tuvieran el poder de llevar a cabo la ejecución de presuntos herejes sin siquiera consultar al gobierno parlamentario.

Mientras tanto, en Ginebra, Juan Calvino —a quien la mayoría de los hugonotes consideraban su líder espiritual— consideraba que estas medidas eran poco menos que draconianas. Aunque Calvino también hizo condenar a los herejes, al menos les dio cierta apariencia de juicio (aunque es ciertamente discutible lo justo que fue). En cualquier caso, durante un tiempo, Francia pareció acaparar el mercado de las ejecuciones rutinarias de disidentes religiosos durante este periodo.

Gran parte de esta persecución de los hugonotes se recoge en el texto de Jean Crespin de 1554, *Le Livre des Martyrs*. En él, Crespin documentó muy bien cómo los castigados eran acorralados, torturados y ejecutados. Para hacer las cosas aún más perturbadoras, a menudo se les quitaba la lengua de antemano para evitar que profesaran su fe a la multitud. Se les negaba incluso la posibilidad de dar su último testamento a quienes les perseguían.

No habría últimas palabras: estas almas oprimidas debían arder en silencio. En el otoño de 1557, Juan Calvino intentó animar a los fieles franceses, emitiendo una declaración que decía en parte: "Dios desea probar nuestra fe, como el oro en el horno, pero no deja de atesorar sus preciosas lágrimas". Los ánimos debieron ayudar porque, en 1559, estaba claro que, a pesar de su persecución, el movimiento hugonote estaba creciendo.

Esa primavera, un grupo de unas treinta parroquias diferentes se reunió en Francia para prometer su lealtad a la doctrina calvinista. Juan Calvino también comenzó a enviar a sus pastores misioneros, formados en su Academia de Ginebra, a Francia para difundir aún más las creencias calvinistas. Se dice que para 1564, unos 100 de estos misioneros calvinistas habían sido enviados. Y parecía que todos estos esfuerzos estaban marcando la diferencia, sobre todo por el impresionante ritmo al que los miembros de las clases altas francesas comenzaron a abrazar la fe.

Fue en medio de esta renovada simpatía hacia los reformistas entre la nobleza francesa que el rey Enrique II pereció inesperadamente durante una partida amistosa de justas. Fue un completo accidente. El mayor de los Henri había justado con el joven Gabriel Comte de Montgomery para celebrar la inminente boda de su hija. En su última ronda de justas, Gabriel levantó su lanza, cargó, y accidentalmente golpeó al rey de frente, haciendo que su lanza se hiciera añicos y se rompiera. Una de las esquirlas de la lanza rota atravesó la visera del rey, atravesó su ojo y se alojó en su cerebro.

Curiosamente, el místico francés Michel de Nostradamus fue quien predijo esta tragedia. Unos años antes, Nostradamus había publicado un libro de cuartetas vagamente redactadas que supuestamente predecían acontecimientos futuros, y se dice que una de ellas fue escrita sobre este acontecimiento. La cuarteta decía: "El león joven vencerá al mayor / en el campo de combate en una sola batalla; le atravesará los ojos a través de una jaula de oro, / dos heridas hechas una sola, luego muere una muerte cruel".

Efectivamente, Enrique tuvo una muerte cruel con un dolor terrible, pereciendo por la herida mortal días después del hecho. En la predicción, se dice que el viejo león es Enrique y el joven león Gabriel, que atravesó los ojos de Enrique a través de su "jaula de oro", es decir, atravesó sus ojos a través de su visera protectora en forma de jaula. Sin embargo, todavía no se sabe si Nostradamus predijo realmente este acontecimiento o simplemente tuvo una suerte increíble. En cualquier caso, fue después de su muerte cuando el sucesor del rey Enrique II, Francisco II, comenzó a renovar la persecución de los hugonotes.

Para poner fin a este ataque, un grupo de hugonotes intentó apoderarse por la fuerza del nuevo rey y mantenerlo como rehén en la primavera de 1560. Pero su plan fue descubierto antes de que pudiera llevarse a cabo, y los conspiradores fueron detenidos. Entre los que participaron en el plan se encontraban algunos de los pastores misioneros enviados desde Ginebra, Suiza.

Resulta que los conspiradores perdieron mucho tiempo y energía en un problema que estaba a punto de resolverse por sí mismo. En diciembre de ese mismo año, el joven rey francés Francisco II pereció repentinamente, no por la cuchilla de un asesino, sino por una terrible infección de oído. A la muerte de Francisco II, el cetro del poder pasó a manos de su hermano, el rey Carlos IX, pero como este solo tenía diez años, su madre Catalina de Médicis gobernaría en su lugar hasta que el joven rey alcanzara la mayoría de edad.

Catalina de Médicis demostró ser una política pragmática. Sintiendo que su posición era bastante precaria, se acercó a los hugonotes para utilizarlos como moneda de cambio y cuña contra las otras facciones que se oponían a ella. Sintiendo también que el país no podía seguir adelante sin algún tipo de compromiso entre protestantes y católicos, Catalina hizo un verdadero esfuerzo por superar la división.

Para ello, en otoño de 1561 celebró una cumbre en la que representantes de los católicos y de los reformistas protestantes se reunieron y discutieron abiertamente sus diferencias doctrinales. Fue un raro momento de compromiso abierto en el que los bandos enfrentados pudieron hablar de sus opiniones divergentes en lugar de matarse inmediatamente por ellas.

La reunión en sí misma no pareció traer mucho acuerdo, pero, sin embargo, en enero de 1562, a los hugonotes se les concedió finalmente cierto grado de tolerancia. En el Edicto de St. Germain-en-Laye, se determinó que los hugonotes podrían practicar su fe sin temor a ser perseguidos, siempre que celebraran sus reuniones fuera de las ciudades, sin armas, de día y bajo supervisión.

Por desgracia, la tolerancia no duró mucho tiempo. En marzo de 1562, un grupo de hugonotes fue confrontado en una de sus reuniones y los miembros desarmados del rebaño fueron agredidos. Los hugonotes seguían el reglamento que se les había dado — simplemente se reunían en un granero justo fuera de los límites de la ciudad de Vassy, Francia— cuando Francisco, duque de Guisa, desató sus fuerzas sobre ellos. Más tarde, Francisco trató de afirmar que no había ordenado el ataque, sino que fue una reacción violenta espontánea después de que los hugonotes arrojaran piedras a sus hombres.

En cualquier caso, este ataque dejó unos setenta hugonotes muertos y desencadenó una oleada de violencia que continuaría durante los años siguientes. El peor estallido de esta violencia se produjo en 1572 durante la llamada masacre del Día de San Bartolomé. La matanza comenzó el 23 de agosto de 1572 y se prolongó durante tres días en los que grupos católicos militantes mataron sistemáticamente a decenas de miles de hugonotes. Los historiadores aún debaten la causa de la violencia, si fue espontánea o si fue ideada por un funcionario francés como la reina católica Catalina de Médicis.

La masacre estalló tras una semana de fiesta en Francia. El rey Carlos IX acogía la ceremonia matrimonial del príncipe Enrique de Navarra y su hermana Margarita. Navarra era un príncipe protestante, y su matrimonio con la católica Margarita se veía como un medio para lograr algún tipo de unidad entre católicos y protestantes en Francia. Desgraciadamente, no fue así, y poco después de esta semana de fiesta, se produjo la masacre.

En un principio, fueron las tropas francesas las que atacaron a los hugonotes, pero pronto los civiles católicos empezaron a participar, yendo literalmente de puerta en puerta en busca de hugonotes para matarlos. Sea cual sea la causa, esta última matanza de hugonotes convenció a muchos de que vivir en Francia se había convertido en algo imposible y provocó el éxodo de muchos hugonotes a tierras más seguras en Inglaterra, Alemania y los Países Bajos. De estos lugares, los Países Bajos acogerían el siguiente gran enfrentamiento entre las fuerzas del catolicismo y el protestantismo.

Desde que el emperador del Sacro Imperio Romano Germánico, Carlos V, dejó el poder a su hermano Fernando, se acordó que el control directo de lo que entonces se conocía como los Países Bajos —que hoy serían la actual Holanda, Bélgica, Luxemburgo y una parte del norte de Francia— quedaría bajo el dominio del hijo del emperador saliente, Felipe II de España. Sin embargo, Felipe estaba demasiado preocupado por los asuntos de España y, en 1559, optó por conceder a su hermanastra, Margarita de Parma, la autoridad para mandar en esta región.

Felipe II era un católico acérrimo, pero en su ausencia, los principales nobles de los Países Bajos empezaron a mostrar su verdadera cara en lo que respecta al apoyo a los movimientos protestantes y a respaldar personalmente a ciertos líderes y rebaños asociados a la Reforma. A Felipe no le gustó demasiado esto y, en cuanto se enteró, exigió que toda supuesta herejía fuera desarraigada del reino inmediatamente. Sin embargo, las clases altas de los Países Bajos siguieron coqueteando con los que Felipe llamaba herejes. Mientras tanto, un reformista holandés llamado Hendrik van Brederode lanzó la llamada Liga del Compromiso en el otoño de 1565. Todo esto se hizo para hacer retroceder las restricciones que se habían impuesto a los reformadores.

Cuando el cambio no fue suficiente, los reformistas subieron la apuesta considerablemente llevando su caso a Margarita de Parma. Después de que presionaran a Margarita con el espectro de disturbios masivos a menos que actuara, ella trató de reducir la persecución de los protestantes. Ahora estaba claro que Margarita de Parma estaba jugando una mano débil, y los protestantes se aprovecharon de ello, celebrando mítines masivos y discursos en los que se discutía libremente la doctrina calvinista.

Como ocurrió con demasiada frecuencia durante la Reforma, a medida que los protestantes se volvían más audaces, este grupo de creyentes, antes perseguido, pronto se convirtió en el que hacía la persecución. Los protestantes estaban en contra de cualquier forma de icono religioso o reliquia que los católicos veneraran y empezaron a atacar las iglesias católicas, derribando pinturas, esculturas, utensilios de rituales y otros. También quemaron toda la literatura católica que encontraron.

Estos protestantes querían ser tolerados el tiempo suficiente para demostrar lo intolerables que podían ser ellos mismos, parece. Su comportamiento no debería ser tan sorprendente teniendo en cuenta que la fuente de su doctrina —John Calvino— era bien conocida por su intolerancia religiosa. Calvino hizo torturar y matar a muchos simplemente por tener creencias contrarias a las suyas, como se vio más famosamente en la muerte de Miguel Servet.

Aunque ciertamente no fue una época feliz para los católicos, que eran asaltados y veían cómo se demolían sus iglesias, fue una época maravillosa para los reformistas protestantes. De hecho, más tarde recordarían el año 1566 como el "Año Maravilloso".

Margarita de Parma, mientras tanto, fue retirada, y el duque de Alba fue puesto a cargo de los asuntos en los Países Bajos. El duque de Alba llegó en el verano de 1567 al frente de un gran número de tropas.

Con la llegada del duque de Alba, las tornas volvieron a cambiar de forma decisiva y la persecución de los protestantes comenzó de nuevo. El duque organizó su infame Consejo de la Sangre, en el que se juzgó a unos 10.000 por herejía y al menos 1.000 recibieron la pena de muerte. Esto provocó un nuevo éxodo de hugonotes y otros protestantes, que huyeron a tierras alemanas, suizas e inglesas. Mientras tanto, el líder del movimiento, Brederode, falleció en la primavera de 1568, lo que provocó un vacío en la administración.

El príncipe Guillermo I —o, como era más conocido, el príncipe Guillermo de Orange— se hizo cargo de este vacío. Se le llamaba así porque controlaba el Principado de Orange, que en aquella época consistía en parte del sur de Francia. Guillermo de Orange era miembro de la nobleza católica y hasta entonces se había mantenido neutral en el conflicto, pero después de estar cada vez más descontento con la opresión española de las propiedades locales y la persecución de los reformistas, decidió unirse a los protestantes.

Guillermo de Orange dirigió un ejército contra las tropas de Alba en 1568, pero fue derrotado. Sin embargo, persistió y continuó una prolongada guerra de guerrillas que acabaría desembocando en una gran rebelión en 1572. A la causa protestante contribuyó el gran descontento que Alba había creado en la población general al imponer impuestos draconianos a las masas. Al igual que Martín Lutero alimentó el resentimiento local contra la injerencia católica extranjera de Roma, Guillermo de Orange aprovechó el mismo tipo de recelo en sus súbditos cuando se trataba de sus señores católicos españoles.

La revuelta popular llegó a su punto álgido cuando un grupo de piratas conocidos como "mendigos del mar" consiguió capturar el puerto de Brill y asediar los asentamientos de toda la costa. En agosto, justo en la época de la tristemente célebre masacre del día de San Bartolomé que había matado a tantos hugonotes en Francia, Guillermo de Orange tomó un ejército de decenas de miles de soldados e irrumpió en Brabante, parte de la actual Bélgica. Este asalto fue pronto copiado por otros reformistas rebeldes.

Al ser atacado tanto por tierra como por mar, el duque de Alba intentó volver con fuerza contra los rebeldes, masacrando ciudades enteras que se encontraban a su paso. Su embestida detuvo a los protestantes en el sur, pero en las regiones del norte, la lucha continuó. Era más fácil oponer resistencia en el norte debido tanto a su composición política como a su geografía. El norte tenía una base católica mucho menor, y el terreno físico, con ríos e inundaciones frecuentes, era simplemente mucho más difícil de invadir para las tropas católicas.

Este largo y prolongado conflicto, que se encontraba en un punto muerto, acabó dividiendo literalmente a los Países Bajos en función de su ideología. Al final, la región del sur aceptó firmar la Unión de Arras, manteniendo que se aferrarían a la Iglesia católica y al dominio español. En el norte, sin embargo, el calvinismo seguía reinando, lo que llevó a los reformistas a establecer su propia unión, la Unión de Utrecht, que era básicamente un pacto de autodefensa entre los reformistas en caso de invasión extranjera.

En 1580, el duque de Alba ya no estaba en el poder y fue sustituido por el duque de Parma, Alejandro Farnesio. El duque de Parma demostró ser mucho más formidable en el campo de batalla que el duque de Alba y consiguió recuperar Amberes, Gante y Bruselas de los rebeldes en rápida sucesión.

Al mismo tiempo, en España, Felipe II se aseguró de que Guillermo de Orange fuera un hombre marcado. Lo fustigó como "el principal perturbador de todo el estado de la cristiandad" y exhortó a todos los buenos católicos a "hacerle daño o sacarlo de este mundo como enemigo público". Junto con estas palabras de ánimo a los posibles asesinos, el rey Felipe también puso una gran recompensa al príncipe de Orange, prometiendo ganancias económicas a quien estuviera dispuesto a eliminarlo. El príncipe de Orange era ahora literalmente un hombre cazado.

El primero en acorralar a su presa fue Juan de Jáuregui —un simple mercader español—, que se topó con el príncipe en 1582 y consiguió dispararle en el cuello y en la cabeza. El príncipe de Orange sobreviviría milagrosamente a estas heridas, pero no tardó en enfrentarse a otro asaltante empeñado en cumplir la directiva de Felipe II. En julio de 1584, Orange fue localizado por un humilde aprendiz de ebanista llamado Balthasar Gérard.

Este hombre consiguió acceder al lugar donde se alojaba el príncipe de Orange y luego simplemente se acercó a él y abrió fuego. Guillermo recibió múltiples impactos en el pecho y el abdomen. Se dice que mientras el príncipe de Orange se desplomaba en el suelo, gritó: "¡Dios mío, ten piedad de mi alma!", seguido de "¡Dios mío, ten piedad de este pobre pueblo!". Mientras tanto, el asesino intentó huir, pero los enfurecidos seguidores del príncipe lo sometieron fácilmente.

Gérard no iba a salirse con la suya en un acto tan descarado y sufriría mucho por lo que había hecho: ser torturado y asesinado por los vengativos seguidores del príncipe de Orange. Aunque Gérard no pudo cobrar por el asesinato, sus padres fueron pagados en su totalidad por el rey Felipe. La muerte del príncipe de Orange trajo consigo una confusión inmediata en cuanto a cómo podía seguir adelante el movimiento de reforma en los Países Bajos.

El hijo de Guillermo de Orange, Mauricio, intentó tomar el relevo de su padre. Muchos, sin embargo, temían que todo estuviera a punto de desmoronarse. Pero las reformas recibieron una ayuda sorprendente en el verano de 1585, cuando la reina Isabel I de Inglaterra envió tropas para apuntalar la fuerza de los reformistas rebeldes. La reina también firmó el Tratado de Nonsuch, un documento que prometía la intervención si los Países Bajos se enfrentaban a una invasión.

Existen varias razones para que la reina Isabel hiciera esto. España era, en ese momento, un rival político, militar y religioso de los ingleses reformados, y a los británicos les convenía tener una zona de amortiguación protestante aliada (o al menos neutral) en los Países Bajos. Este acto impidió la invasión española y aseguró a los protestantes holandeses de los Países Bajos, que acabarían convirtiéndose en la República Holandesa, donde las creencias de la Reforma Protestante no solo serían toleradas, sino que florecerían.

La victoria de los Países Bajos sobre el dominio católico fue uno de los mayores éxitos de la Reforma Protestante. Muchos de los reformadores radicados en los Países Bajos viajarían por todas partes, difundiendo el evangelio de sus creencias y su forma de vida. Algunos viajaron hasta los Estados Unidos de América, donde establecieron exitosos enclaves que aún existen.

Conclusión: Cómo la Reforma cambió el mundo

Cuando Martín Lutero clavó sus noventa y cinco tesis en las puertas de la Universidad de Wittenberg, desencadenó una serie de consecuencias que le habría sido imposible predecir. Lutero había abierto la puerta al debate, y de repente había manifestantes en cada esquina preguntando por qué la doctrina católica romana era como era. Estos manifestantes de la corriente religiosa —o, como los conocemos hoy en día, estos protestantes— se atrevían a echar en cara a las autoridades religiosas de su época.

Se preguntaban si el purgatorio era real, si la fe sin obras era suficiente, y si era realmente posible —o incluso apropiado— rezar por los muertos. Y cuando sus responsables católicos no les daban respuestas adecuadas a sus preguntas, eso les incitaba a preguntar aún más. Esto, por supuesto, condujo a la inevitable reacción de la Iglesia católica de perseguir a las sectas que surgieron en oposición a la doctrina oficial de la Iglesia. A diferencia de épocas pasadas en las que los disidentes se levantaban para ser rápidamente desechados, en la época en la que Marín Lutero alcanzó la prominencia, estos protestantes de la fe eran difíciles de desechar para la Madre Iglesia.

También tenían una poderosa herramienta a su disposición, la imprenta. Mientras los protestantes imprimían un tratado religioso tras otro, se aseguraban de que su interpretación de las Escrituras perdurara mucho después de que ellos mismos desaparecieran. La Iglesia católica tenía que darse cuenta de que, aunque podían matar a los reformadores protestantes, no podían matar sus ideas. Y a medida que la base de poder de los protestantes crecía, empezaron a gobernar sus propias ciudades e incluso países donde, para variar, podían llevar la voz cantante en cuanto a las creencias religiosas.

Lamentablemente, cuando los protestantes se vieron finalmente libres de la persecución y pudieron practicar lo que querían, a menudo se convirtieron ellos mismos en perseguidores. Juan Calvino, después de todo, quemó a los que tenían creencias diferentes con el mismo fervor que los católicos le habrían quemado a él. Si bien la Reforma fue una explosión de la libertad de pensamiento y de religión, también produjo sectas dogmáticas, tan dogmáticas, de hecho, que cada una guardaba celosamente su forma de expresión religiosa y estaba dispuesta a destruir a cualquiera que se atreviera a ver las cosas desde otra perspectiva.

Aunque la Reforma produjo grandes beneficios, ésta fue la gran tragedia de los protestantes. Despreciaban a los católicos por imponer su interpretación de las Escrituras a las masas, pero estaban más que dispuestos a dar la vuelta y tratar de imponer sus propios puntos de vista de mano dura a los demás. Sí, la historia se repite, y el curso de la Reforma demostró este fenómeno de manera sorprendente y dramática.

Pero, a pesar de las perpetuas idas y venidas de la persecución por parte de ambos bandos, la Reforma tuvo mucho de bueno. Después de todo, fue la libertad de pensamiento fomentada por la Reforma la que condujo a ese otro periodo de revolución en el pensamiento: el Renacimiento. Aunque la Reforma fue un movimiento religioso por naturaleza, para muchos pareció resolver algunos argumentos filosóficos bastante serios que beneficiaron al Renacimiento.

Por un lado, los protestantes desafiaron la idea de que el papa o los sacerdotes tuvieran alguna autoridad especial por encima de los demás. Los protestantes se tomaron a pecho Gálatas 3:28, en el que el apóstol Pablo declaró: "No hay judío ni gentil, ni esclavo ni libre, ni hombre ni mujer, porque todos sois uno en Cristo Jesús". La aceptación de estas palabras condujo a la creencia generalizada de que todos eran iguales bajo Dios. Esta nivelación del terreno de juego funcionó como una apisonadora, poniendo patas arriba la creencia medieval en una jerarquía natural de autoridad.

Incluso si no se creía en Dios, la idea de que todos eran iguales era una proclamación reveladora, y fue la Reforma la que llevó estas nociones directamente a las masas. Los protestantes también fomentaron la innovación y una fuerte ética del trabajo, cosas que se trasladaron de Europa a un lugar llamado América. Fue en América donde florecieron los verdaderos frutos de la Reforma.

Libre de cualquier idea de jerarquía social o religiosa, la buena gente de América trabajaba duro y trataba de vivir una buena vida. Siguiendo sus preceptos religiosos, sabían que el trabajo duro y un poco de fe era lo único que realmente importaba. La laboriosa libre empresa inspirada por la Reforma Protestante sigue dando frutos en los Estados Unidos de América hasta el día de hoy.

La Reforma fue muchas cosas para mucha gente, pero sobre todo fue el momento seminal que cambió la trayectoria del mundo para bien.

Vea más libros escritos por Captivating History

Apéndice A: Lecturas adicionales y referencias

Reformation: A World in Turmoil. Andrew Atherstone

The Origins and Developments of the Dutch Revolt. Graham Darby

Martin Lutero: A Biography for the People. Dyron B. Daughrity

Bart D. Ehrman. *El triunfo del cristianismo.* (Nueva York: Simon & Shuster, 2008).

Tom Harpur. *El Cristo pagano.* (Toronto: Thomas Allan, 2004).

Hans Lietzmann. *Historia de la Iglesia temprana,* 2 vols. (Londres: Lutterworth, 1967).

Felipe Schaff. *Historia de la Iglesia Cristiana,* 8 vols. (Nueva York: Charles Scribner's sons, 1916-1923).

John D. Woodbridge y Frank James III. *Historia de la Iglesia,* 2 vols. (Grand Rapids: Zondervan Academic, 2013).

Made in United States
Orlando, FL
06 August 2024